Albin Czerny

Die Klosterschule von St. Florian

Entstehung, Verlauf, Ende. 1071 - 1783

EHV
HISTORY

Albin Czerny

Die Klosterschule von St. Florian

Entstehung, Verlauf, Ende. 1071 - 1783

ISBN/EAN: 9783955642181

Auflage: 1

Erscheinungsjahr: 2013

Erscheinungsort: Bremen, Deutschland

Die

Klosterschule von St. Florian.

Entstehung, Verlauf, Ende.
1071—1783.

Von

Albin Czerny,

regulirtem Chorherrn von St. Florian und Bibliothekar.

LINZ, 1873.

Im Verlage der Franz Ignaz Ebenhöch'schen Buchhandlung.
(Heinrich Korb.)

Vorrede.

Die folgenden Blätter sind aus der Ueberzeugung hervor-
gegangen, dass es um die ältere Geschichte des Vaterlandes viel
besser bestellt wäre, wenn man auch nur wenige Culturstätten,
aber diese wenigen nach allen Seiten hin beleuchtet vorfinden
würde. Wüssten wir nur etwas Genaueres über das Leben auf
einem einzigen Edelsitz im Lande, welches Licht würde auf alle
Uebrigen fallen! Hätten wir nur eine alle Culturbeziehungen
umfassende Klostergeschichte, wie viele dunkle Punkte in der
Culturgeschichte des ganzen Landes würden dadurch aufgehellt!
Keine einzige dieser Stätten hat die Früchte der Cultur aus sich
hervorgebracht, sondern empfangen und gegeben in reicher
Wechselwirkung.

Vor der Hand soll nun innerhalb des Rahmens eines grösseren Klosters eine Seite des Culturlebens geschildert werden.
Es war mir um den Nachweis zu thun, wie es mit dem
Unterrichte in einer Klosterschule beschaffen war, der durch so
lange Zeit wie auch in andern Klöstern den höchsten Unterricht
in Oberösterreich repräsentirte. Wenn Zeit gewährt wird und
die Lust nicht versagt, sollen noch weitere culturgeschichtliche
Darstellungen folgen.

Als Quellen für die Forschung dienten mir unter den un-
gedruckten Materialien die Handschriften der Bibliothek, Urkunden, Briefe, Rechnungen im Archiv St. Florian. Nebstbei wurde
mir gütigst die Benützung des Handschriftenkataloges und ein-
schlägiger Codices aus der Bibliothek des Klosters Wilhering ge-

*

stattet. Zu den verwendeten gedruckten Werken gehören die zahlreichen Klostergeschichten, die Handschriftenkataloge der Wiener und Münchner Staatsbibliotheken, das Urkundenbuch Oberösterreichs in erster Linie; die hieher gehörigen Arbeiten Vierthaler's, Güntner's, Hagu's u. A. die Aufstellung mancher Einrichtungen in Florian nöthigte, auf andere Klosterschulen im Lande Oesterreich, Salzburg und dem verwandten Baiern Rücksicht zu nehmen, wodurch die Arbeit zu einem Beitrag der Geschichte des Schulwesens in unserm Vaterlande überhaupt erwuchs.

Es wäre nahe gelegen, mit der Schule auch die Geschichte der literarischen Leistungen St. Florians zu verbinden. Da aber eine jüngere Hand mit einer ausführlichen Arbeit darüber beschäftigt ist, deren Vollendung man in nicht ferner Zeit entgegensehen kann, so wurden diese nur hie und da, wo es der Gegenstand erforderte, erwähnt.

Das Leben und Treiben in der Klosterschule wurde bis zu deren völligen Ende im Jahre 1783 geschildert. Die im Jahre 1847 auf hohe Ermunterung eingeführte theologische Lehranstalt für die Regularen Oberösterreichs wurde ausser Betracht gelassen, da sie von noch zu jungem Bestande ist und zu sehr der Gegenwart angehört, um jetzt schon ihre Geschichte zu schreiben.

Zur Kennzeichnung der Lehrer und Schüler und der Schulverhältnisse überhaupt schien es mir nicht unwichtig, eine Reihe von Briefen dem Werke als Beilage anzufügen, welche dem Archive oder der Bibliothek St. Florian entnommen und bis auf die beiden ersten Briefe aus dem XIII. Jahrhundert noch nicht veröffentlicht sind. Diese Letztern sind in der Linzer theologischen Quartalschrift im Leben der Klausnerin Wilbirgis von Stülz bekannt gemacht worden, aber unvollständig, was den durch anstrengende Arbeit geschwächten Augen des hochverdienten Geschichtsforschers zuzuschreiben ist. Von Schulaufgaben hat sich leider nichts gefunden als die beiden *Arengae*, welche gegen das Ende der Beilage III verzeichnet sind. Die mitgetheilten Briefe haben nebenbei noch den Werth, dass sie uns über den geselligen Ton der damaligen Zeit in Oesterreich aufklären und uns wie mit einem Zauberschlage die vertraulichen Herzensergiessungen unserer Landsleute vor 400 Jahren belauschen lassen.

Dem Mittelalter wurde aber die meiste Aufmerksamkeit geschenkt, weil für dasselbe in schulgeschichtlicher und wohl auch culturgeschichtlicher Beziehung noch am wenigsten geschehen ist. Wie viele Notizen stecken in unseren alten Chroniken, Gedichten, Briefen, Urkunden, Necrologien und Rechenbüchern, welche wie die verschiedenfärbigen Fäden eines Teppichs gesammelt, kunstreich verbunden und für die Gegenwart zu einem genussreichen Bilde der Vergangenheit werden sollten?

St. Florian, im Oktober 1872.

A. Czerny.

Inhalts-Verzeichniss.

Erster Zeitraum.

Die Klosterschule St. Florian im Mittelalter.

Erste Abtheilung.

Aeussere Schicksale derselben bis zur Klosterreform 1419.

Zweite Abtheilung.

Innere Zustände der Schule.

Zweiter Zeitraum.

Die Klosterschule bis zur Verwandlung ihrer Lateinschule in eine blosse Vorbereitungsschule unter Propst Leopold 1619—1625.

Dritter Zeitraum.

Die Klosterschule von dem Erlöschen der selbstständigen Lateinschule bis zur Aufhebung aller Klosterstudien unter Kaiser Joseph II.
1783.

Erster Zeitraum.

Die Klosterschule St. Florians im Mittelalter.

Erste Abtheilung.
Aeussere Schicksale derselben bis zur Klosterreform 1419.

---

§. 1. Entstehung.

Mit der Gründung eines grossen Klosters war die Errichtung einer Klosterschule nothwendig gegeben. Die Pflicht der Selbsterhaltung nöthigte dazu. Universitäten gab es vor dem 14. Jahrhundert in Deutschland nicht; die bischöflichen Lehranstalten hatten den eigenen Bedarf zu decken, waren entfernt, die Erhaltung der Studiosen mit Kosten und Gefahren verbunden. Der lateinische Kirchengesang [1]), die niedrigen Dienste beim öffentlichen Cultus wiesen naturgemäss auf die Annahme von Knaben hin und dazu kam noch die Noth des umgebenden Adels, der seinen Sprösslingen einigen Unterricht in den nothwendigsten Dingen gern verschafft hätte. Das Alles musste die Aufmerksamkeit der Vorstände dahin lenken, für einen ergiebigen Nachwuchs und für Anbahnung höherer Bildung unter den Gläubigen durch Errichtung einer Klosterschule zu sorgen.

Bei einem Kloster wie St. Florian, welches seine Restauration im Jahre 1071 dem Bischof Altmann von Passau verdankt, wäre es doppelt unerklärlich, wenn man nicht schon in den ersten Jahren dem Unterricht aufmerksame Sorgfalt zugewendet hätte. Er selbst hatte gelehrten Unterricht an der Domschule zu Paderborn, die damals unter Bischof Meinwerk vortrefflich bestellt war, genossen. [2]) Sein wissenschaftlicher Eifer führte

---

[1]) Schon im 9. Jahrhundert bediente man sich der Knaben beim Kirchengesang. Schubiger Sängerschule von St. Gallen. — [2]) Siehe die Einrichtung seiner Schule bei *Gerbert Hist. nig. sil. I. 159.*

1

ihn darauf nach Paris, um später durch mehrere Jahre die Domschule zu Paderborn als Scholasticus zu leiten, wo man die
7 freien Künste trieb und mit den Classikern vertraut war. [1]
Um seinen durch Unterricht hochgebildeten Geist kennen zu
lernen, braucht man nur den einen ungemein schönen und
rührenden Brief zu lesen, welchen er auf die Einladung des
Würzburger Bischofs A d a l b e r o zur Kirchweihe im Kloster
Lambach schrieb. Voll Geist und Herzlichkeit zeigt derselbe
tiefe Vertrautheit mit den classischen Autoren Roms und der
heiligen Schrift. [2] Hätte A l t m a n n St. Florian restaurirt, ohne
eine Schule daselbst einzurichten, so hätte er gerade eine wesent-
liche Bedingung der Fortbildung eines edleren Berufsgeistes unter-
lassen, von dem er doch selbst durchglüht war und dessen Hoch-
schätzung er darin bewies, dass er, wie sein alter Biograph sagt,
keinen Priester anstellte, der nicht unterrichtet war. [3]

Würden demnach auch die geschichtlichen Aufzeichnungen
von der baldigen Gründung einer Klosterschule in St. Florian
fehlen, so würden uns Geist und Bildung A l t m a n n's Bürg-
schaft genug sein, dass der von ihm eingesetzte Probst H a r t-
m a n n nicht anders werde gehandelt haben, als der erste Probst
des gleichfalls von A l t m a n n restaurirten Chorherrn-Klosters
St. Pölten (1081) E n g e l b e r t, der eine Schule errichtete, welche
von kleinen Candidaten des geistlichen Standes und von anderen
Kindern besucht war. [4]

Es gibt aber auch positive historische Zeugnisse, welche
die Errichtung einer Klosterschule noch unter dem ersten Probst
H a r t m a n n (1072—1099) ausser Zweifel stellen. In einem
Necrologium St. Florians, welches in seinen ältesten Bestandtheilen die Todten von der Restauration 1071 bis tief in die
zweite Hälfte des 12. Jahrhunderts verzeichnet, kommen 7 zu
verschiedenen Zeiten eingetragene Knaben vor, wovon ein Theil
durch Beisätze ausdrücklich als der Pfarre St. Florian und Ebelsberg angehörig erscheint. [5] Dass aber mit *puer* ein Angehöriger
der Klosterschule bezeichnet wird, geht aus dem Umstand hervor, dass es Blatt 7 heisst: *Judit de ippha, Adlbreht filius*

---

[1] Stülz, Leben Altmanns. 6. — [2] Abgedruckt in *Hansiz Germ.
sac. I. 276.* — [3] *Hieron. Pez Scriptores rer. austr. I. 123.* — [4] *Maderna
Hist. Can. Sanhippol. II. 34. 187.* — [5] *Puer de tanen, de ippha, de villa.*

ejus puer. Das kindliche Alter kann mit dem letzten Worte nicht ausgedrückt sein, denn sonst müsste unter den vielen weiblichen Namen doch zuweilen auch eine *puella* aufgeführt werden; es bleibt also nur übrig, dass damit ein Stand bezeichnet werden sollte. Es ist dies der Stand der *pueri oblati*, welche in früher Kindheit von den Eltern einem Kloster zur Erziehung für den geistlichen Lebensberuf übergeben wurden. Ausserdem kommen noch 4 *Scolares* vor, worunter Studenten zu begreifen sind, welche die Elemente Lesen, Schreiben, Singen und etwas Latein verstehen. [1]) Es fehlen zwar bei diesen Schülern, sowie bei allen anderen Todten die Jahresangaben; aber wenn man bedenkt, dass die Schule anfangs gewiss sehr klein, vielleicht kaum sechs Zöglinge stark gewesen sein wird, ferner, dass das Necrologium in jenen älteren Bestandtheilen nur einen Zeitraum von 100 Jahren umfasst und dennoch auf die Schule 11 verschiedenen Perioden angehörige Todte fallen, so wird man nach den Gesetzen der Todtenstatistik nicht läugnen können, dass ein Theil davon auf Rechnung des 11. Jahrhunderts kommt. In diesem Todtenbuch kommen auch viele Diaconen, Subdiaconen und Acolythen vor; aber nur sehr selten ist das Kloster angegeben, dem sie angehörten. Je älter die Necrologien, desto einsilbiger sind sie. Nur bei einem Subdiacon findet sich der Beisatz *frater noster*, der ihn als Angehörigen St. Florians bezeichnet.

In einem Rituale der Kirche St. Florian, welches aus dem Anfang des 12. Jahrhunderts herrührt und durch seine stark abgegriffenen Blätter zeigt, dass es vielfach gebraucht wurde, kommt unter vielen anderen merkwürdigen Benedictionen auch eine mit der Aufschrift vor: *Quando puer litteras discit.* [2]) Ausserdem werden bei der Palmenweihe ausdrücklich die *pueri* erwähnt, welche die Antiphonen singen. Dass auch Cleriker zu

---

[1]) Siehe Hipler, Meister Johannes Marienwerder. S. 5. In der Briefsammlung der Pröbste Johann und Kasper im Archiv St. Florian *saec. XV.* heisst *scolaris* soviel als ein älterer Lateinschüler. Derselbe bittet um Aufnahme in's Noviciat. Oefter bedeutet es auch einen Theologie-Studirenden, z. B. in einer handschriftlichen Note zu *Codex 216* unserer Bibliothek aus dem XIII. Jahrh. — [2]) Sie lautet: *Deus qui in sapientia hoc est coaeterno filio omnia condidisti, da quaesumus huic famulo docibilem mentem ut et in exterioribus studiis proficiat et aeternae mereatur fieri capax doctrinae. Codex 467, fol. 111 b.*

St. Florian unterrichtet wurden, zeigen die bei den aufgeführten Ceremonien häufig erwähnten Diaconen, Subdiaconen und Acolythen. Letztere halten bei der Taufe die Kinder auf den Armen und singen das *symbolum apostolicum*. Endlich ist unter dem *rubrum: in scolis* folgende Benediction zu lesen: *Coelorum habitator deus adesto supplicationibus nostris et hanc domum cum omnibus qui in ea habitant, custodi et protege ab omnibus insidiis inimici, ut in lege tua meditantes mereantur ipsi tuum esse habitaculum.*

In einem Messbuch [1]), welches gleichfalls zu Anfang des 12. Jahrhunderts in Florian entstanden ist, werden Donnerstags in der Charwoche die *pueri* abwechselnd mit dem Chor und den Priestern singend aufgeführt, woraus auf eine Schule zu schliessen, worin sie eben lateinisch lesen und singen lernten.

Auch die Statuten, welche täglich im Capitel nach der Regel des heil. Augustinus verlesen wurden und spätestens aus dem Beginn des 12. Jahrhunderts stammen, sprechen von Knaben und Jünglingen, welche im Kloster verpflegt, unterrichtet und in strenger Zucht gehalten werden sollen. Diese Documente zeigen zur Genüge, dass eine Schule bei Beginn des 12. Jahrhunderts bereits im Gange war.

§. 2. Eintheilung und Besucher der Schule.

Die Verordnung des Aachner Concils (816), dass die Schule eines jeden Klosters in eine äussere für Kinder, die für den Laienstand und in eine innere für diejenigen Kinder, welche für den geistlichen Stand bestimmt waren *(pueri oblati)*, zerfallen sollte, hat in Florian nie Eingang gefunden. In den Reformstatuten von 1419 wird ausdrücklich erinnert, dass getrennte Schulen in St. Florian nie bestanden haben und deren Errichtung befohlen, was aber zu Ende des 15. Jahrhunderts noch immer nicht geschehen war [2]), wahrscheinlich aus dem Grunde,

---

[1]) Codex 208, fol. 49 a. Die Entstehung dieses und des vorerwähnten Codex in St. Florian erhellt vorzüglich aus der Auszeichnung, mit der die Feste und Namen des heil. Florian und Augustin behandelt werden. Die später erwähnten Statuten sind im Codex 249. — [2]) Reformstatuten von 1468 im Flor. Arch. Sie gehören eigentlich dem Ende des 15. Jahrhunderts an.

weil die Schülerzahl eine zu geringe war, um eine Trennung der Schule praktisch zu rechtfertigen. Diese eine Schule war anfangs im eigenen Gebäude[1]), später, wie aus den Statuten von 1419 hervorgeht, im Convent. · Jede Klosterschule zerfiel naturgemäss in zwei Theile; in die theologische Lehranstalt und in die Vorbereitungsschule dazu oder Lateinschule, deren Kern durch alle Zeiten die Sängerknaben ausmachten. So war es auch in St. Florian. Die Lateinschule wurde theils von Knaben besucht, welche zunächst nicht für den geistlichen Stand bestimmt waren; theils von solchen, welche von ihren Eltern dem Stifte in der Absicht übergeben waren, dass sie Gott dort ewig dienen sollten *(pueri oblati)* oder die überhaupt für den geistlichen Beruf sich ausbilden wollten. Die Ersten wohnten im besondern Klosterconvict oder bei ihren Eltern und Kostgebern;[2]) die · anderen hatten Wohnung und Verpflegung im Stifte.[3]) Manchmal geschah es, dass auch Novizen und junge Cleriker, die erst in den Elementarfächern zu unterrichten waren, die Lateinschule besuchten. Die seltene Gelegenheit auf dem Lande Unterricht zu finden, sowie die volle Freiheit im Schulbesuch waren Ursache, · dass Manche die feierlichen Gelübde ablegten, welche nicht einmal schreiben konnten.[4]) Die Kloster-Reformcommission verordnete im Jahre 1419 in Florian, dass, wo es nothwendig werden sollte, die jungen Cleriker durch einen dazu bestellten weltlichen Lehrer Unterricht in der Grammatik und Logik erhalten sollten.

---

[1]) Siehe oben *Benedictio in scolis.* — [2]) Anno 1476 wird dem Probst Kasper von St. Florian von einem ehemaligen Schüler in Steier ein Student empfohlen *ad f r e q u e n t a n d u m scolas vestras dominationis.* Kein Wort von Uebernahme der Verpflegung kommt im Briefe vor. Siehe Beilage III. 15. Ebenso 12. — [3]) Probst Kasper hatte einen Knaben auf Empfehlung eines Lambacher Capitularen in Unterricht und Verpflegung *ad sustentandum* genommen, der 1476 von seinem Fürsprecher in Lambach zurückverlangt wird. Beilage III. 16. — [4]) *Accepta tonsura scribat cartam professionis proprie vel alius pro eo, si ipse ignarus est hujus artis. Statuta saec. XIII.* im codex 260 der Bibliothek St. Florian fol. 54 b. — *Deputetur pro ipsis (juvenes canonici) magister saecularis, qui ipsis, si necesse sit, legat singulis diebus feriatis unam ad minus lectionem cum debitis exercitiis in scientiis primitivis. Charta reformationis 1419* codex 49 der Bibl. St. Florian fol. 141 a. Unter *scientiae primitivae* sind Grammatik, Logik, Metaphysik zu verstehen. Siehe *Gerbert Hist. nig. sil. II. 178.*

Die theologische Lehranstalt wurde von Candidaten des
Secularclerus und von den eigenen Clerikern besucht. So war
es nachweislich schon im 13. Jahrhundert.[1]) Ein Beweis dafür
ist auch der Weltgeistliche H e i n r i c h von Wels, welchem der
Probst Heinrich II. 1319 die Pfarre Heinrichsschlag in Niederösterreich verlieh, der von Kindheit auf seine Bildung in Florian
erhalten hatte.[2]) Es war damals überhaupt Sitte, dass weltliche
Cleriker an dem theologischen Unterricht in den Klöstern Theil
nahmen,[3]) um eine von den vielen den Klöstern incorporirten
Pfarren zu erhalten, welche die Klostergeistlichen mit ihren
Leuten entweder nicht besetzen konnten, weil es ihnen die Regel
verbot wie bei den Benediktinern, oder weil es ihnen die Bischöfe
nicht gerne gestatteten und sie oft nicht genug Mitglieder zähl-
ten, wie es in St. Florian der Fall war.

Die Schule hat sich schon im 13. Jahrhundert eines ausgebreiteten Rufes erfreut. Es kamen Schüler von Passau, Aschach,
Linz, Enns, Steier, im 15. Jahrhundert aus Salzburg, Mattighofen, Lambach, Steier, Ibbs, Emersdorf in Unterösterreich. Es
waren darunter Söhne von Bürgern, von hohen und niedrigen
Adel, wie sich das alles aus den Urkunden des Archivs, den
Necrologien und Handschriften der Bibliothek bestimmt nachweisen lässt.

§. 3. Scholastiker und Scolaren bis zur Reform 1419.

Die Quelle, welche unanfechtbar das baldige Entstehen und
die Fortdauer der Klosterschule im 12. Jahrh. bestätigt, jenes
oben angeführte älteste Necrologium, nennt uns wohl die Namen
einzelner Schüler *(scolaren* und *pueri)*, nennt aber keinen der
Lehrer *(scolasticus)*. Vielleicht haben wir einen solchen in dem
Chorherrn A l t m a n n zu erkennen, der im 12. Jahrhundert
zwei lange lateinische Gedichte im heroischen Versmass, eine

---

[1]) In einer Note, welche sich ein Canonicus von St. Florian in die
Historia scholastica Petri Comestoris hineinschrieb, heisst es unter Andern:
*Cum ergo scolares, qui in canonicorum regularium scolis nutriuntur, in
choro et refectorio et in claustro socialiter et claustraliter cum eis vivunt
et nondum mansionem adepti sunt in saeculo, magis sunt alumni claustrales quam clerici saeculares.* — [2]) Archiv St. Florian sub 1319: *ecclesiae
s. Floriani alumnus.* — [3]) Hagn Wirken der Benediktinerabtei Kremsmünster 99.

passio s. Floriani und *s. Blasii* schrieb, welche einem Legendarium der Bibliothek einverleibt sind.

Erst mit dem 13. Jahrhundert werden die Quellen reichhaltiger und deutlicher. Der erste Schulvorstand von St. Florian, der urkundlich mit der Bezeichnung Scholasticus erscheint, ist W a l c h u n u s.[1]) Es war im Jahre 1234. Dass er dem Hause als Mitglied angehörte, bezeugt das Necrologium des Florianer Probstes H e i n r i c h v. M a r b a c h.[2]) Für sein wissenschaftliches Streben sprechen die Bücher, welche er aus der bischöflichen Bibliothek zu Passau entlehnte[3]) und die lange Zeit, die er seinem Lehramte vorstand. Probst E i n w i k, der um 1258 in die Schule von St. Florian trat, fand ihn noch an der Spitze derselben. Er schildert seinen Lehrer in dem von ihm verfassten Leben der heiligen Wilbirgis mit den schlichten Worten: *usque ad provectam aetatem cucurrit viam domini simpliciter et directe.* Er starb 1266. Zu seiner Zeit stand das Kloster weit und breit in grossen Ansehen.[4]) Der Convent zählte 24 Priester. Es wirkte neben ihm noch ein *magister Chunradus,* dem von Passau kurze Erläuterungen über das *psalterium* und über das Hohe Lied, nebst dem apocryphen Evangelium des Nicodemus aus der Bibliothek des Bischofs O t t o v o n L o n s t o r f zugesendet werden.[5]) Er bekleidet 1261 das Amt eines Pfarrers von St. Florian, 1263 schlichtet er mit Bischof O t t o von Passau, dem Probst A r n o l d von St. Florian und Anderen einen Streit zwischen dem Kloster Gleink und der Pfarre Sierning, wobei er aber nicht mehr als Pfarrer aufgeführt wird; in einer Urkunde von 1270 kommt er einfach als *magister Chunradus* vor.[6]) Da

---

[1]) In einer Urkunde von 1234 unterfertigt er sich: *Scholasticus de domo s. Floriani.* Urk. Buch Oberösterreichs III. 24. — [2]) In dem von diesem Probst um 1300 geschriebenen Messbuch enthalten. — [3]) *Item magistro Walchuno in S. Flor. duos libros in uno volumine Cantus canticorum cum duplici glossa. In alio volumine formula vivendi cum aliis.* Siehe *Monum. Boica XXIX. pars. II. 81.* — [4]) Einwik in der *Vita Wilburgis* edit. *Bernard Pez. 131.* — [5]) *Item postillas super psalterium concessimus ad s. Florianum Ebergero et magistro Chunrado; item eisdem evangelium Nychodemi. Item magistro Chunrado de s. Floriano distinctiones super cantica canticorum. Mon. Boica XXIX. pars II. 82.* Otto von Lonstorf sass auf dem bischöflichen Stuhl von 1254—1265. — [6]) Urk. Buch Oberösterreichs III. 277, 304, 377.

Walchunus 1266 hochbejahrt gestorben ist, hat ihn wahrscheinlich Chunradus in seinem Amte abgelöst. In dem Todtenbuche des oben erwähnten Heinrich von Marbach erscheint
30 Jahre später ein *Chunradus jurista.*[1]) Haben wir in diesem
rechtskundigen Manne etwa den *magister Chunradus* vor uns,
der sich als gewandten Schiedsrichter 1263 gebrauchen liess?
An der Seite Chunrads erscheint im Ausleih-Catalog des
Bischofs·von Passau der Chorherr Eberger; beide empfangen
dieselben Bücher; vielleicht war Eberger der Hilfslehrer
Chunrads.

In die zweite Hälfte des 13. Jahrhunderts fällt als eine
hervorragende Persönlichkeit ein zweiter lateinischer Dichter
Altmann, der eine weitläufige Blumenlese aus den Decretalen
in lateinischen Versen verfasste, um, wie er sagt, durch diese
beliebte Form den Clerus zum Studium der *Canones* anzuspornen.

Der Nämliche verfasste auch eine metrische Paraphrase des
hohen Liedes, welches in Florian eines der gelesensten Bücher
im Mittelalter war, in mehr als 5000 Hexametern.[2]) Wir wissen
zwar nicht bestimmt, ob er seine theologischen Kenntnisse, so
wie die Fertigkeit im lateinischen Versbau in der Klosterschule
verwerthete, aber das ist gewiss, dass die Bildung eines solchen
Mannes nicht ohne Einfluss auf seine Umgebung bleiben konnte,
und dass man in einer Zeit, wo das ganze theologische Studium
in der heiligen Schrift und den *Canones* bestand, an ihm für
die theologische Lehranstalt den geeigneten Mann besitzen musste.
Die Bezugnahme auf Horaz und Virgil in seinen Werken
erweist ihn als einen mit den Classikern Rom's vertrauten Mann,
wie sie zugleich für die Lectüre dieser Schriften in Florian um
jene Periode Zeugniss ablegt.

Im Todtenbuch des Probstes Heinrich ist ein Rudiger
Scholasticus verzeichnet, der in späteren Necrologien ausdrücklich Scholasticus von St. Florian genannt wird. Derselbe hat

---

[1]) Necrologium des Heinrich von Marbach unter dem 6. December.
[2]) Die Decretalen sind in der Handschrift 720 unserer Bibliothek, der
Schluss fehlt. Vollständig findet sich das Werk sammt Einleitung im
Codex Nr. 2295 der Wiener Hofbibliothek, welcher früher Eigenthum
St. Florians war. Das *Canticum Canticorum* ist gleichfalls in der Hof-
bibliothek im Codex Nr. 2228.

keinen Beisatz, der ihn als Geistlichen kennzeichnet, was doch sonst bei Angehörigen des Hauses geschieht. Es ist dies ein Beweis, dass man schon im 13. Jahrhundert auch Laien als Lehrer aufnahm, was später in St. Florian oft der Fall war. Unter dem 25. März wird ein *Wernhart scolasticus noster subdiaconus* genannt, ohne den Beisatz *frater noster*, womit beständig in unseren Necrologien ein Mitglied des Hauses gemeint ist. Wir haben uns also hier einen Weltgeistlichen zu denken, der in der zweiten Hälfte des 13. Jahrhunderts Lehrerdienste in St. Florian versah. Im Falle der Noth musste oft ein Theologiestudirender *(scolaris* fahrender Schüler) aushelfen. So bewahrt unser Archiv einen Brief, worin der Protonotar des Bischofs von Passau und der Marschalk desselben dem Probst Einwik einen Scolaren von Passau zur Leitung der Schule empfehlen.[1] Das fragmentarische Necrologium unseres Hauses aus dem Ende des 13. Jahrhunderts, welches im Notizblatt der kais. Academie der Wissenschaften veröffentlicht ist,[2] zählt zwar viele Cleriker und Scolaren auf, welche theils dem Kloster St. Florian angehörten, theils hier ihre Bildung erhielten und somit einen erfreulichen Beweis über die Frequenz der Schule im 13. Jahrhundert geben, allein die Kraft der geistlichen Körperschaft war doch im Sinken, indem sie aus sich selbst das nöthige Lehrpersonale nicht hervorzubringen vermochte.

Der hervorragendste Zögling der Klosterschule im 13. Jahrhundert ist wohl Probst Einwik Weizlan gewesen. Zu Enns geboren, kam er um 1258 als Knabe an die Schule zu St. Florian. Nach 14 Jahren erhielt er 1272 die Priesterweihe. Als Dechant von St. Florian schrieb er im fliessenden Latein und mit kindlich reinem Sinn das Leben der Klausnerin Wilburgis zu St. Florian,[3] zu der er von seinem Eintritt in die Klosterschule an, bis zur Priesterweihe in dem Verhältnisse eines zärtlich liebenden Sohnes stand. Vielleicht gehörte er zu jenen Schulknaben *(pueri scolares)*, von denen er erzählt, dass sie die Klausnerin, wann es ihnen beliebte, besuchten und im Lesen zu

---

[1] Kloster Michelbeuern hatte um 1306 gleichfalls nur einen Scolaren zum Vorstand der Schule. Vierthaler Gesch. d. Schulwesens in Salzburg. S. 122. — [2] Jahrgang 1852. S. 293. — [3] Herausgegeben von *Bernhard Pez Augustae 1715* und *Hieronymus Pez Scriptores rer. austr. II.*

unterrichten versuchten. 1295 wurde er zum Probst erwählt. Unter ihm erreichte das Haus das höchste Ansehen. Auf der Provinzialsynode zu St. Pölten 1301 bestellte ihn Bischof Wernhart von Passau nebst 3 Anderen zum Visitator aller Klöster der Benedictiner und regulirten Chorherren in der Diöcese Passau. Derselbe Bischof nennt in einem Schreiben an Einwik 1303 das Kloster St. Florian *ordinis speculam et religionis exemplar*. [1]) Die späteren Annalisten des Hauses geben ihm im dankbaren Andenken den Beinamen *gloriosissimus*.

Ein anderer Zögling der Schule war Otto, später Abt von Baumgartenberg, von dem Einwik in seinem Prolog zur Lebensgeschichte der Wilburgis sagt, dass er viel Interessantes darüber von ihm empfangen habe, da er beinahe vom gleichen Alter, die Tage der Kindheit mit ihr zusammen verlebt habe. Als sie sich in die Klause zurückgezogen hatte (1248), habe sie Otto auch ferner noch als heranwachsender Jüngling besucht und auf ihr Andringen sei er in das Kloster der Cistercienser zu Baumgartenberg getreten, für welches sie immer eine besondere Zuneigung gehabt habe. [2]) Da Wilburgis ihre Kinder- und Jugendzeit in Florian verlebte, können jene Worte nur den Sinn haben, dass auch Otto in Florian aufwuchs und hier die nöthige Vorbildung für den geistlichen Stand empfangen habe.

Hieher fällt auch die Studienzeit des Pfarrers von Linz Ludwig de Cesaris, der 1311 an die Kirche des heiligen Florian 4 Güter legirte, weil sie ihn „von zarter Jugend an wie eine Mutter auf das hingebenste *(suae consolationis uberibus)* erzogen, genährt und mit Wohlthaten überhäuft hat." Er müsse sich, sagt er, dort freundlich und dienstfertig zeigen, wo zu seinem Fortkommen der erste Grund gelegt worden. [3]) Sinnig will er noch bei Lebzeiten zugleich mit seinem Bruder Ulrich, Probst von St. Nicola bei Passau, in das Todtenbuch St. Florians am Tage nach St. Gregorius eingetragen werden, und sein Jahrtag soll nach seinem Hinscheiden am selben Tage gehalten werden. Bekanntlich war der Gregoriustag ein grosses Schulfest und Schulanfang im Mittelalter. Es war der Tag, an welchem

---

[1]) Urk. Buch Oberösterr. IV. 384, 427. — [2]) *Hic et Wilburgis quasi coaevi a cunabulis dies pueritiae pariter deduxerunt.* — [3]) Urk. Buch Oberösterr. V. 58.

man auch in St. Florian bis tief in das 17. Jahrhundert „die
Schuler fahen ging."[1]) Es wird aber nicht allzu gewagt sein,
wenn man aus dem Vorhergehenden schliesst, dass auch sein
Bruder an einem solchen Gregoriustag seine Schülerlaufbahn in
Florian begonnen habe.

Haben wir in den voranstehenden Zeilen drei Männer
kennen gelernt, welche hervorragende Aemter in der Kirche
bekleideten, so ist es interessant, jetzt einer Persönlichkeit zu
begegnen, welche von der Schule in Florian weg die Künstler-
laufbahn betreten hat. Es ist diess Meister W o l f h a r d der
Glaser und Maler. Ihm, einem Zöglinge der Kirche St. Florian,[2])
der zahlreiche Beweise von Freundschaft, Zuneigung und rein-
ster Dienstbefliessenheit gegeben, sammt seiner Frau Gisila,
Otto's des Maurermeisters der Kirche St. Florian *(murator noster)*
Tochter, verleiht der Probst H e i n r i c h II. 1317 eine Herren-
pfründe und nimmt sie in die geistliche Verbrüderung auf. Da
gegen Ausgang des 13. Jahrhunderts Kirche und Kloster im
grossartigen Style umgebaut wurden, so lässt sich denken, dass
es da auch Künstler gab, welche Herz und Talent des einen
oder anderen Studenten der Kunst zuwendeten. Dass aber der
Ausdruck *alumnus ecclesiae* einen an der Lehranstalt der Kirche
Auferzogenen bedeute, beweisen die Worte, mit welchen der
oben erwähnte L u d w i g d e C e s a r i s seine Studienjahre in
St. Florian bezeichnete[3]) und die Formel *alumni claustrales* für
Klosterstudenten in einer gleichzeitigen Handschrift St. Florians.[4])
Sinnig nannte das Mittelalter Unterricht und Unterrichtsgeld
„pastus."

Unter denen, welche unter Probst E i n w i k der Klosterschule zu Florian Bildung und Fortkommen verdankten, ist vor-

---

[1]) Alte Kammerei-Rechnungen. — [2]) *Magister Wolfhardus vitrarius
et pictor ecclesiae nostrae alumnus.* Urk. Buch Oberösterr. V. 181. —
Vitrarius, vitriarius, vitrorum artifex. Ducange. Wolfhard war offenbar
Verfertiger der gemalten Kirchenfenster. — [3]) *Ecclesia sancti Floriani me
tenerum educavit, pavit et beneficiavit.* Von dem heil. Godehard heisst es
in einer Urkunde von 1302 *„quem felix alumna Altachensis ecclesia nutrivit
et de filio exaltavit in patrem."* Urk. Buch Oberösterr. IV. 416. — [4]) *Scolares, qui in canonicorum regularium scolis nutriuntur — — — magis
sunt alumni claustrales quam clerici saeculares.* Notiz des XIII. Jahrh.
am Ende des Codex 216.

züglich dessen Geheimschreiber Albertus zu nennen, der später Pfarrer von Niederwaldkirchen im Mühlkreise war. Sein Leben beschloss er als Pfarrer von Gmunden 1345. Man hat ihn lange für den Verfasser des für die österreichische Geschichte wichtigen *Chronicon Florianense* gehalten und übersehen, dass es ihm bloss von dem Verfasser, wahrscheinlich einem Chorherren von St. Florian, gewidmet worden ist.[1]) Auch für einen Weltpriester wurde er gehalten; allein dem ist nicht so. In den Anmerkungen, welche er zum *Chronicon Florianense* über seine Lebensumstände machte, sagt er selbst,[2]) dass er von 1314—1328 Pfarrer in Niederwaldkirchen war; 1328 wurde er Pfarrer von Gmunden.

In seinem Testamente 1345[3]) nennt er sich *Albertus de sancto Floriano in Gmunden plebanus*. Dass er von Florian nicht gebürtig war, erhellt aus Urkunden von 1316 und 1324,[4]) wo er als *Albertus de Aschah* (Aschach) aufgeführt wird, und dass er dem Stifte St. Florian als geistliches Mitglied einverleibt war, geht aus Urkunden der Florianer Pröbste Heinrich und Wernher hervor, in denen er ausdrücklich *confrater noster* genannt wird,[5]) wie er auch im Necrologium des Chorherrenstiftes St. Pölten als *Albertus de Aschad* (lies Aschah) *sacerdos s. Floriani* verzeichnet wird.[6]) Es darf nicht Wunder nehmen, den regulirten Chorherren auf einer Secularpfründe anzutreffen, da dieses nach den Ordensstatuten erlaubt ist; auch das kam in jenen Zeiten oft vor, dass Florianer-Capitularen mit Erlaubniss ihres Probstes testamentarische Stiftungen machten.

Dass er geistige Bildung zu schätzen wusste, zeigt der Umstand, dass der Verfasser des oben erwähnten *Chronicon Florianense* diese werthvolle Schrift ihm mit den ehrenvollsten Ausdrücken widmete. Schilderte sie doch zum Theil eine Zeit, wo Albert selbst mitten unter den Ereignissen stand, den Zug Rudolf's von Habsburg durch Oberösterreich und die

---

[1]) Abgedruckt bei Rauch I. 215. *Pertz Mon. Germ. Tom. XI*, Auf Blatt 4 des Originals befindet sich folgende Zueignung: *Digna viro digno. Descriptio mente benigna. Mittitur Alberto. Virtutum dote referto. Suo domino speciali.* — [2]) l. c. — [3]) Urk. Buch Oberösterr. VI. 505. — [4]) l. c. V. 158 und V. 401. — [5]) l. c. V. 304 und V. 416. — [6]) Siehe Necrologium von St. Pölten in *Fontes rer. austr. XXI*. Bd. 2. Abth. unter 1. October.

weiteren Vorfälle bis 1310. [1]) Er erzählt uns selbst, [2]) dass er ein Bürgerssohn von Aschach im Jahre 1279 in die Schule zu St. Florian trat. Im 22. Jahre seines Alters wurde er Geheimschreiber des Probstes Einwik, welche Stelle er auch bei dessen Nachfolgern Heinrich und Werner beibehielt. Zweimal ging er im Auftrage seines Herrn nach Krakau, einmal nach Avignon zum Pabst Johann XXII. Für seine ausgebreiteten Bekanntschaften mit den angesehensten Geistlichen und Weltleuten zeigt das von ihm angelegte Necrologium seiner Bekannten und Freunde. [3]) Das Verzeichniss der Bücher, welche er seinen Freunden legirte, theilen wir in der Beilage mit. [4]) Wir lernen daraus, wie klein damals die Bibliothek eines Pfarrers selbst auf einem bedeutenden Posten und eines Mannes von hervorragender Geistesbildung war.

Aus der Regierungszeit des Probstes Einwik sind noch zwei Briefe vorhanden, welche seine Sorge für Schulunterricht und Disciplin beurkunden. Beide sind aus Passau an ihn geschrieben worden. Der eine in lateinischer Sprache von dem ersten Geheimschreiber der bischöflichen Kanzlei in Angelegenheit eines nach Florian zu sendenden Schulmeisters, ist oben erwähnt worden. Der andere in deutscher Sprache ist von dem reichen Passauer Bürger und grossen Wohlthäter St. Florians Werner in Angelegenheiten seines Sohnes Werner, der als *puer oblatus* in Florian sich dem geistlichen Stande widmete. Derselbe wird in einer Urkunde von 1306 von Probst Einwik „unser gaistleicher pruder" genannt und starb als Acolyth in Florian. [5]) Sein Bruder Heinrich war 1324 Dechant von Enns. [6])

---

[1]) *Chronicon Florianense* abgedruckt bei Rauch. *Scriptores rer. austr. I. 215.* Ferner bei *Pertz Mon. Germaniae tom. XI. 606, 747.* — [2]) In den kurzen biographischen Notizen, die er sich in's *Chronicon Florianense* schrieb. — [3]) Abgedruckt in Wiedemann theol. Vierteljahrsschrift 1869, aber nachlässig; auszugsweise bei Pertz l. c. — [4]) Siehe Beilage II. — [5]) Die beiden Briefe sind in der Beilage I. als Actenstücke der früheren Geschichte unserer Schule abgedruckt. Zuerst wurden sie in der Linzer theol. Quartal-Schrift 1849 von Stülz veröffentlicht. Sie sind sehr verstümmelt, weil sie lange Zeit als Einbanddeckel dienten. Die oben erwähnte Urkunde findet sich im Urk. Buch Oberösterr. IV. 503. — [6]) l. c. V. 392.

Um 1292 trat Gundaker von Starhenberg als *puer oblatus* in die Klosterschule. Sein Vater gibt ihm eine Mühle mit für sich zum Seelgeräth und dass sein Sohn Bücher und was er sonst bedarf, kaufe. Er bringt es aber nicht bis zur Priesterweihe, indem er 1307 als Diacon stirbt. [1])

Seine drei Brüder machen 1323 eine Stiftung nach Florian zum ewigen Seelgeräth für alle ihre Vordern und Nachkommen und für ihren Bruder Gundacker, „der Chorherr von Florian" gewesen ist. Neben vielem Andern sollen alljährlich 30 Pfennige an „4 arme Schüler" vertheilt werden, welche 2 Psalter (je 150 Psalmen) bei dem Grabe dafür zu beten haben. Wie aus der Note eines unserigen Copialbuches [2]) erhellt, wurde diese Stiftung in der zweiten Hälfte des 15. Jahrhunderts noch hergehalten. Da die Quellen für die Geschichte der Schule im 14. Jahrhundert spärlicher fliessen, so ist diese Notiz von Wichtigkeit, indem sie uns die ununterbrochene Fortdauer der Anstalt bezeugt.

Auch an geistlichen Studenten muss kein Mangel gewesen sein. Probst Weigand macht 1372 eine Stiftung, dass der *cellerarius* am Tage des heil. Achatius jedem Conventualen beim Früh- und Spätmahl jedesmal eine Kanne Wein, ein Huhn und eine Semmel vorsetze; den Diaconen, Subdiaconen und Barbatis nur eine halbe Kanne, sonst das nämliche, den *acolythis et aliis domicellis* nur einmal eine halbe Kanne, ein Huhn und eine Semmel. [3]) Das Todtenbuch von St. Pölten kennt aus diesem Jahrhundert einen *Heinricus diaconus scholasticus domus s. Floriani*, [4]) der nach dem Necrologium des Domstiftes Salzburg ein Capitular von St. Florian war.

Noch haben wir einer anderen Schule, welche in dieser Periode entstand und erlosch, Erwähnung zu machen. Aus dem oft erwähnten ältesten Todtenbuche St. Florians geht unzweideutig hervor, dass mit dem Mannskloster oder wenigstens bald darauf ein Chorfrauenkloster gegründet worden sei. Die Namen solcher Canonissen, welche durch den Beisatz *soror nostra* oder *conversa*

---

[1]) l. c. IV. 170. und Catalog. Flor. von August Pscharr im Handschr. Cabinet. Werner wird in einem necrolog. Fragment aus dem 14. Jahrh. als Diacon aufgeführt. — [2]) Codex 101. d. fol. 239. b. — [3]) l. c. fol. 128. — [4]) Archiv für österr. Gesch. Bd. 34. S. 379.

soror nostra als Mitglieder des weiblichen Zweiges der neuen Anstalt gekennzeichnet werden, gehen bis in die ersten Jahrzehente des 12. Jahrhunderts zurück. Das Kloster erhielt sich bis in das 14. Jahrhundert; zum letzten Male erscheinen sie urkundlich unter Probst Heinrich III. anno 1337 in einem Confraternitätsbrief des Chorherrenklosters Vorau. Es scheint, dass derselbe mit oberhirtlicher Erlaubniss das Frauenstift eingehen liess und die Einkünfte zur Erweiterung des Armenspitals verwendete. [1] Fast alle Chorherrenklöster Oesterreichs hatten solche Schwesterklöster an ihrer Seite.[2] Aus dem, was über ihre Einrichtung bekannt ist, wissen wir, dass sie sich neben Chor, Gebet, Lesung und weiblichen Handarbeiten auch mit Mädchen-Unterricht beschäftigten.

Sie unterwiesen die Mädchen, welche sie oft mit 6 Jahren als *puellae oblatae* übernahmen, im Lesen, Schreiben, lateinischer Sprache, dem Psalter und weiblichen Arbeiten. Das geschah auch dort, wo die Anzahl der Canonissen keineswegs gross war, wie in Ranshofen, wo man nicht mehr als 6 zählte. An Bildung fehlte es den Lehrerinnen nicht. Zur Zeit Gerhoch's von Reichersberg waren die Chorfrauen daselbst die eifrigsten Leserinnen seiner Psalmen-Erklärung,[3] mit welcher er auch die Nonnen von Admont durch besondere Widmung bekannt machte.[4]

Die Zöglinge dieser Mädchenschule gehörten gewöhnlich den vornehmen Ständen an; wurden ja die Frauenklöster selbst frühzeitig Versorgungs-Anstalten für den Adel nicht ohne Schaden für ihre Bestimmung. Dass unter diesen Verhältnissen und bei den kleinen Räumlichkeiten dieser Häuser, wie wir sie aus alten Abbildungen kennen, die Zahl der Lehrmädchen nicht gross werde gewesen sein, lässt sich denken. In dem Nonnenkloster in Admont wurden 1546 noch 8 vornehme Mädchen erzogen.[5]

---

[1] Diese Erweiterung hat 1348 stattgefunden. Stülz Geschichte Florians. 45. — [2] Salzburg, Gurk, Seckau, Vorau, Neustift, Ranshofen, Reichersberg, Suben, Waldhausen, St. Pölten, Klosterneuburg. — [3] Stülz Denkschriften der k. k. Academie, Gerhoch S. 53. — [4] Fuchs Gesch. Admonts, S. 15 und Mittheil. d. histor. Vereines für Steiermark. 10. Heft. S. 195. — [5] Fuchs Gesch. Admonts. S. 59.

§. 4. Weitere Schicksale der Klosterschule bis in die Zeiten der Reformation Luthers.

Die Reform-Commission, welche im Auftrage des Constanzer Concils die Klöster besuchte und 1419 in Florian anwesend war, bespricht die Schule als längst bestehend und verlangt, dass von nun an, die jungen Cleriker und Novizen von der Schule und von dem Umgang der anderen Schüler getrennt und ein Locale innerhalb der Clausur erhalten sollten, wo sie von dem Novizenmeister in Allem, was auf das *divinum officium*, die Ceremonien und Ordensregeln Bezug hat, unterwiesen werden sollen. Für den Unterricht in den weltlichen Disciplinen soll der Probst einen gelehrten weltlichen Lehrmeister von guten Sitten anstellen, der ihnen, wenn es nothwendig ist, alle Werktage zum Wenigsten eine Vorlesung halte, mit den erforderlichen Uebungen in den Vorbereitungswissenschaften *(scientiis primitivis)*. Für beide Schulen soll ein emsiger Rector nach Belieben des Probstes aufgestellt werden. [1] Die Commission wollte also eigentlich das, was schon das Aachner Concil betonte, die Herstellung einer inneren und äusseren Schule, was aber auch in dieser Periode nicht erreicht wurde.

Weder die Frequenz, noch die Lehrfächer waren im Laufe der Jahrhunderte so gewachsen, dass eine Vermehrung des Lehrpersonales nothwendig geworden wäre. Mit zwei Lehrern half man sich durch das 15. Jahrhundert, wie man es schon im 13. und 14. gethan hat. Auch das geistige Leben hatte sich nicht der Art entwickelt, dass es möglich gewesen wäre, die leergewordenen Posten stets mit Gliedern des eigenen Hauses zu besetzen. Häufig wurden noch weltliche Lehrer gedungen.

Der Einfluss, den man sich von der Gründung der Universität Wien auf eine höhere geistige Cultur in den Klöstern versprach, hatte sich nicht im gewünschten Masse eingestellt; denn zahlreich sind die Klagen der Landesregenten und geistlichen Obern über die geringe Anzahl von Studierenden aus den österreichischen Klöstern in Wien.

---

[1] *Charta primae reformationis codex 49, fol. 141 a.* der Biblioth. St. Florian.

Der Vorstand des Studienhauses, welches die österreichischen Cistercienserklöster in Wien besassen, macht dem Abte eines solchen Klosters bittere Vorwürfe, dass er einen Scolaren vom Studium in Wien zurückgerufen habe, nachdem er kaum ein wenig die „Weiden heilsamer Wissenschaft verkostet. In diesem Stück, fährt er fort, verfolge der Abt die Gewohnheiten der österreichischen Aebte. [1]) Durch diese schädliche und verwünschenswerthe Gepflogenheit seien eine Menge Früchte verhindert worden und werden noch täglich verhindert." Schon früher 1437 hatte Abt Johann von Morimond, General-Visitator des Cistercienser-Ordens ähnliche Klagen erhoben. [2]) Anno 1418 fand das Provinzial-Concil von Salzburg für nothwendig, die Vorstände der regulirten Chorherren und Benedictiner anzutreiben, taugliche Cleriker an die Universität zu schicken. Das Provinzial-Concil von 1490 bringt die Sache auf's Neue in Erinnerung. [3])

Für die entfernteren Klöster war die Auslage einer solchen Sendung nicht unbedeutend; bei vielen mochte die Besorgniss mitgewirkt haben, dass das Leben in der grossen Universitätsstadt ungünstig auf den Ordensgeist und die Zufriedenheit ihrer Cleriker einwirken möchte; bei manchen war die Furcht rege, dass die academischen Auszeichnungen, welche die jungen Leute erringen, für sie im Kloster eine Versuchung zur Ueberhebung werden. [4]) Dazu kamen die schrecklichen Zustände in Oesterreich während des 15. Jahrhunderts, die allgemeine öffentliche Unsicherheit, Kriege und Verwüstungen, welche besonders die Klöster traffen; doch bei alledem war gewiss auch die Nachlässigkeit und Schläfrigkeit der Aebte Schuld, wie dieses z. B. der General-Visitator der Cistercienser 1461 offen ausspricht [5]) in Bezug auf die Klöster seines Ordens in Oesterreich. Selbst die Excommunication konnte die nachlässigen Aebte nicht bewegen, ihre Cleriker an das Collegium St. Nicolai in Wien zur höheren Ausbildung zu senden. Es lässt sich übrigens nicht verkennen, dass die zweite Klosterreform, welche im Auftrage

---

[1]) *Morem australium patrum.* Codex Manusc. von Wilhering Nr. 106. S. 310 (Formelbuch). — [2]) l. c. S. 294. — [3]) Dallham Concil Salisb. p. 175 und 243. — [4]) *Gerbert Histor. nig. silvae. II. 180. 182.* — [5]) Codex Manusc. in Wilhering Nr. 106. S. 404.

des Basler Concils 1451 stattgefunden hat, in Deutschland und
Oesterreich einen vermehrten Eifer für Unterricht und Wissenschaft zur Folge gehabt hat. Jetzt fand man wieder, sagt Gerbert,
gelehrte Männer in den Klöstern, während man früher durch
Laien oder Weltgeistliche die Klosterschulen nothdürftig bestellen
liess.[1] Von Mölk und Klosterneuburg lassen sich viele Cleriker
nachweisen, welche die Wiener Hochschule besuchten und dort
academische Würden errangen; einige von ihnen wirkten dort
auch als Lehrmeister. Von Angehörigen St. Florians, welche
die Universität bezogen, finden sich im Archiv und Bibliothek
nur wenige Spuren und es ist dies um so mehr zu verwundern,
als das Haus trotz aller Erpressungen grosser pecuniärer Anstrengungen fähig und der Disciplin nach als wohlgeordnet an-
gesehen wurde. Ein einziger Graduirter lässt sich urkundlich
nachweisen, Wolfgang Kerspeck, der nach dem Noviciate 1401
nach Wien geschickt wurde und als *Licenciatus decretorum*
zurückkehrte. Er muss ein Mann von bedeutenden Kenntnissen
für die damalige Zeit gewesen sein, was die Anfragen fremder
Klöster in canonistischen Streitfragen und die Wahl zum Mitglied der Klosterreform-Commission 1451 beweiset.[2]

Um 1434 ist Kaspar Vorster, nachmaliger hochverdien-
ter Probst von St. Florian Scholasticus an der Stiftsschule gewesen.[3] Noch ist eine grosse Anzahl Briefe vorhanden von
ihm und an ihn, darunter auch solche von ehemaligen Schülern,
welche beweisen, dass die Schule von St. Florian Männer für
Kirche und Staat, Laien und Geistliche ausbildete. Einer derselben war Heinrich Lebenther, Domherr von Breslau und
Bamberg, der ihm 1471 von Rom aus seine guten Dienste bei
der römischen Curie anbietet. Er erinnert sich lebhaft seines

---

[1] *Gerbert Histor. nig. silvae II. 298.* Siehe auch Kropf Bibliothek.
Mel. 47, 48. Keiblinger Mölk und Friess Gymnasialprogramm von Seitenstetten 1870, S. 44. — [2] Kropf Bibliotheca Mellic. S. 249 irrt, wenn er
meint, Kerspeck habe um 1438 oder 1439 den Stephan von Spanberg in
Wien zum Lehrer gehabt. Kerspeck war schon 1426 Dechant in St. Florian.
— [3] In einem Schreiben von 1474 nennt ihn der Protonotar Kaiser Friedrich's III. seinen Lehrer. Wenn wir annehmen, der Briefschreiber sei
damals 46 Jahre gewesen und beiläufig vor 40 Jahren in die Klosterschule
eingetreten, so muss Kaspar um 1434 als Lehrer gewirkt haben.

Aufenthalts in Oberösterreich und der Humanität, mit der ihn Kaspar behandelt hat.

Der zweite ist der Probst Johann von Klosterneuburg, der ihn in einem Schreiben um das Jahr 1476 seinen Lehrer nennt, was freilich manchmal Höflichkeitsphrase war gegen solche, welche einmal das Amt eines Scholasticus bekleidet hatten.[1]

Der dritte war der Protonotar der kaiserlichen Kanzlei und hiess Johann R e h w e i n.[2] Der Verkehr mit diesem ist besonders vertraulich. Er ist oft in der Lage, dem Stifte Dienste bei Seiner Majestät F r i e d r i c h III. erweisen zu können, wofür ihm manche Aufmerksamkeiten von Seite des Probstes, ein goldener Ring zum neuen Jahr oder feine Messerlein, zu Theil werden.

Die Klosterreform - Commission, welche Florian 1451 betrat, traf daselbst keinen Chorherren als Leiter der Schule an, denn es heisst in der Reformcharte, dass der Rector der Schule nicht ferner im Convent wohnen soll. Bald darauf muss der Chorherr Mathias oder Matthäus S e e v o g e l, sei es als Scholasticus. oder als Succentor, an der Schule gewirkt haben; denn in dem Schreiben eines ehemaligen Florianer Studenten aus Wien vom Jahre 1466 wird seiner als *praeceptor praecolendissimus* gedacht. Er war damals bereits Decan des Hauses[3] und starb als solcher 1469. An Mathias S t e i n h e h l e r hatte die Anstalt wieder einen Laienschulmeister. Probst Johann S t i e g e r (1459—1467) stellt ihm einen Provisionsbrief aus, in welchem er als Laie genannt wird und Anspruch auf Versorgung erhält von dem Augenblick, wo er die heiligen Weihen empfangen und im Dienste des Stiftes verbleiben wollte.[4] Er war zu Reichersberg geboren und hatte in Wien das Baccalaureat aus den freien Künsten genommen. Als Rector der Schule in St. Florian hatte er schon mehrere Jahre treue und erspriessliche Dienste geleistet, als ihm Probst J o h a n n den obenerwähnten Panisbrief ausstellte. Derselbe schlägt ihn 1466 dem Bischof von Passau zum Pfarrer der

---

[1] So nennt der Scholasticus von Klosterneuburg den Rector der Schule von Florian seinen Lehrer, obgleich er nach seiner eigenen Aussage demselben nicht einmal dem Namen nach bekannt war. Siehe Brief 3 in der Beilage III. — [2] Die Briefe der drei aufgeführten Schüler Kaspars siehe in Beilage III. — [3] Siehe Beilage III 21. — [4] Beilage III 23.

incorporirten Pfarre Wallern vor und sagt dabei, dass er sich
seit vielen Jahren in der Leitung der Schule St. Florian erprobt
habe. Er ist damals noch Weltpriester gewesen[1]) und hat seinen
Posten nach erhaltener Pfründe, nicht verlassen. Im Jahre 1467
erscheint er bereits als in den Ordensverband St. Florians eingetreten [2]) und dieser Eintritt scheint für ihn die Losung zum
Austritt aus dem Lehramt gewesen zu sein, denn in diesem Jahr
finden wir ihn als *procurator* und *cellerarius*, als welcher
er von Krankheit gebeugt noch, anno 1475 vorkommt. In diesen
oder dem folgendem Jahre starb er.

Seine Briefe, die wir zur Characterisirung der Bildung damaliger Klosterpräceptoren in Oesterreich im Anhange mittheilen,
sind in dem gezierten Latein geschrieben, welches der Huma-
nistenperiode eigen ist. Doch zeigen sie eben so, wie die seiner
Amtsgenossen, dass man die lateinischen Classiker fleissig las
und nachzuahmen bestrebt war. Wir haben auch diese, vermehrt durch einige Briefe von Schülern, als Muster des freund-
schaftlichen Verkehrs und geselligen Tones aufgenommen.

Es kommen Schreiben von gebildeten Männern aus Passau,
Lambach, Steier vor, welche Steinhehler ihren geliebten
Lehrer nennen und voll zarter Besorgniss für seine Gesundheit
sind. Seine Fachgenossen in Klosterneuburg und St. Pölten
bekunden eine grosse Achtung vor seinen Kenntnissen; mit
Petrus von Stokerau, Magister und Rector der Domschule zu
St. Stephan in Wien und Paul Wann, Passauer Domherrn und
Professor an der Wiener Universität, stand er in freundschaft-
lichen Beziehungen; seine Lehrer sind sie aber kaum gewesen,
obgleich er sie so nennt. Dem Ersteren empfiehlt er bald einen
armen Studenten, der von Florian nach Wien an die Universität
geht, bald soll er gewisse Werke für die Kloster-Bibliothek
kaufen, bald einen gewandten Canonisten anwerben, den das
Stift für seine Rechtshändel brauche, oder kräftige Jünglinge
von guten Anlagen zur Aufnahme in Florian vorschlagen, wenn
ihm an deren Beförderung etwas liege. Dass aber die Schule
auch nach seinem Zurücktritt etwas geleistet habe, geht aus der
Thatsache hervor, dass der Abt Johann von Lambach einen

---

[1]) *clericum vestrae dioecesis. Codex epistolaris Joan. et Casp.* —
[2]) Beilage III.

Jüngling, der im dortigen Kloster erzogen und unterrichtet worden war, zur besseren Ausbildung nach Florian sandte [1]) und dass der Canonicus von Mattighofen einem Chorherren von St. Florian 1478 einen Knaben empfiehlt, der an einer guten Schule, wie er sagt, etwa in Florian oder Enns untergebracht werden soll.[2]) 1472 wirkte ein Laie als Rector an der Klosterschule, Gotmann de Mertenstain,[3]) 1477 *magister Jacobus* gleichfalls ein Laie. Für den bevorstehenden Abgang desselben wird der Baccalaureus Sixtus, von Enns gebürtig und an der Schule zu Wels thätig, von dem dortigen Pfarrer Erasmus Sölder, Licenciaten des canonischen Rechtes, auf das wärmste empfohlen.[4]) 1481 wird ein ungenannter Rector der Klosterschule mit wichtigen Aufträgen nach Passau gesendet. Der Zugang von Schülern aus entfernten Gegenden hat auch noch am Ende des 15. Jahrhunderts fortgedauert. Noch bewahrt das Manuscripten-Cabinet eine lateinische Grammatik, welche laut Inscription einem Stephanus von Emersdorf in Niederösterreich gehörte, der 1497 Scolar in Florian war. Ein Magister Namens Wolfgang Paumgartner, Chorherr von St. Florian, stirbt 1521 als Pfarrer von Niederwaldkirchen.

§. 5. Die Schulen der anderen regulirten Chorherrenstifte in Oesterreich während des Mittelalters.

Bevor wir an die Betrachtung der inneren Einrichtung der Klosterschule St. Florian gehen, ist es von Vortheil, einen Blick auf die Schulen gleichen Ordens in Oesterreich im nämlichen Zeitraum zu werfen. Waren ja die Einrichtungen der Klöster in den meisten Dingen einander gleich und ganz besonders im Schulwesen, welches auf dem Fundamente ruhte, das Carl der Grosse und Alcuin gleichmässig gelegt für alle gelehrten Schulen im ganzen grossen Reich, für Klöster und Collegiatstifte.[5]) Es wird dann möglich und erlaubt sein, dort wo über

---

[1]) Beilage III. 16. — [2]) l. c. III. 22. — [3]) Archiv St. Florian 1472[8]/[4] und *Codex epistol. 547 A.* der Biblioth. Nr. 247. — [4]) Beilage III. 17. — [5]) Rhabanus Maurus adoptirte ganz die Lehrweise Alcuins, dessen Schüler er war. Tritenheim chron. Hirs. 9. Seine Schule wurde die Pflanzschule für die Scholastiker zahlreicher Klöster. *Gerbert Hist. nig. sil. I. 119 seqqn.*

die innere Verfassung der Schule in St. Florian aus einheimischen
Quellen nichts gesagt werden kann, das ergänzende Material
aus fremden Schuleinrichtungen desselben oder anderer Orden
zu nehmen.

Das Concil von Aachen (816) zeigt, dass der Eifer für
Schule und Bildung, den der grundlegende Geist C a r l   d e s
G r o s s e n anzufachen wusste, mit seinem Tode nicht erloschen
war. Es wurde auf demselben den regulirten Chorherrn die
geistige Bildung und moralische Erziehung von Knaben und
Jünglingen auf das dringendste an's Herz gelegt. [1]) Kaiser
L u d w i g der Fromme übersandte die zu Aachen für die Canoniker vereinbarte Regel an den Erzbischof A r n o von Salzburg
mit der Bitte, sie bei sich und den Suffraganbisthümern einzuführen.[2]) Als die durch die Ungarn zerstörten Klöster sich wieder aus der Asche erhoben, sehen wir in Baiern die regulirten
Chorherren im 10. und 11. Jahrhundert ausserordentlich thätig,
die Keime des Unterrichtes wieder zu legen und fortzuentwickeln,[3])
auch in solchen Häusern, die früher den Benedictinern angehörten.

Es lässt sich daraus immerhin schliessen, dass der Eifer
der regulirten Chorherren auf der rechten Seite des Inn nicht
geringer gewesen sein werde, in den österreichischen Stiften,
welche im 11. und 12. Jahrhundert entstanden, durch Errichtung und Pflege von Schulen der Aachner Regel zu genügen.
Wir haben aber dafür auch unmittelbare Beweise, welche, was
St. Florian anbelangt, bereits oben angeführt worden sind.

Dass im Kloster Reichersberg, gegründet anno 1084, unter
Probst G e r h o c h (1132) eine sorgsam gepflegte Schule für grosse
und kleine Studenten bestand, welche die freien Künste betrieben, wissen wir aus dem *Chronicon Reicherspergense.* [4]) Es gab
dort ein Convict für Knaben und Jünglinge, welche für den
geistlichen Stand bestimmt waren und für solche, welche von
Weltleuten namentlich Adeligen bloss des Unterrichtes wegen

---

[1]) *Amort Vetus disciplina canon. reg. Venetiis 1747 „ut pueris nutrien-
dis instantissima adhibenda sit custodia"* cap. 21, S. 299. — [2]) Kleimayrn
Nachrichten von Iuvavia. Diplom. Anhang. S. 66. — [3]) Viele Beispiele bei
Günthner Gesch. d. lit. Anstalten in Baiern I. 152 f. Bischof Pilgrim von
Passau und der heil. Godehard wurden von regulirten Canonikern in Nieder-
altach im 10. Jahrh. gebildet. l. c. 154. — [4]) *Edit. Gewold p. 233.*

dorthin gebracht wurden.[1]) In den Urkunden des Klosters erscheinen im 13. Jahrhundert oftmals Diaconen, Subdiaconen, Acolythen, Scolaren, geistliche und weltliche Studenten als Zeugen unterschrieben, von Scholastikern kommen um 1200 Hadamarus, um 1250 Rudolfus, 1263 Friedericus, 1273 Ulricus vor.[2]) Dass die Schule auch im 15. Jahrhundert noch fortdauerte, zeigt eine Urkunde von 1452, in welcher als Zeuge Conrad Zehentner, Rector der Schule in Reichersberg und Cleriker der Diöcese Passau, vorkommt.[3]) Auch hier treffen wir also die Gepflogenheit, Weltgeistliche als Directoren der Klosterschule anzustellen.

Dass hier und in den nachfolgenden Chorherrenstiften Ranshofen, Suben, Waldhausen, St. Pölten, Klosterneuburg, auch Chorfrauenklöster mit Mädchenschulen bestanden, ist schon oben erwähnt worden.[4])

In Ranshofen, errichtet 1125, finden wir bereits um 1130 einen *puer oblatus,* zum Beweis, dass man gleich bei der Errichtung eines Klosters an die Schule gedacht hat.[5]) Die Anstalt dauert durch das ganze Mittelalter, Oblatenschüler kommen noch am Ausgang des 12. Jahrhunderts vor;[6]) die Cleriker wurden gleichfalls für ihren Stand im Kloster ausgebildet. Der erste urkundliche Scholasticus ist Chunradus, gestorben vor 1220.[7]) Hier wie in Florian, Klosterneuburg, den wohlhabendsten von Allen, war nur eine Schule. Die jungen Geistlichen, welche in Latein, Rhetorik noch nicht unterrichtet waren, gingen 1446 in die ausserhalb des Convents gelegene äussere Schule mit weltlichen Schülern zusammen, was der Bischof von Passau abgestellt wissen will.[8])

Was das Chorherrenkloster Suben, gestiftet 1142, anbelangt, so besagt die Stiftungsurkunde, dass die Canoniker den jeweiligen Probst und den *magister ad regimen loci* vom Domprobst

---

[1]) *Mon. Boica. vol. III. p. 416.* — Urk. Buch Oberösterr. I. 298, 356, III. 866. — [2]) Urk. Buch Oberösterr. I. — [3]) Apel Reichersberg 206. — [4]) §. 3. — [5]) Urk. Buch Oberösterr. I. 214. — [6]) l. c. I. 261. — [7]) *Mon. Boica III. 283.* — Urk. Buch Oberösterr. I. 250. — [8]) *Amort Vetus Discipl. can. reg. p. 756.* Ihre grösste Blüthe erreichte diese Schule im 16. Jahrh., wo sie eine der berühmtesten in Baiern war. Günthner Gesch. der lit. Anstalten II. 137. In der Münchner Staatsbibliothek findet sich eine *oratio ad discipulos* in Ranshofen *habita anno 1672. Cod. Monac. Tom. I. pars. II. 145.*

in Salzburg erhalten sollen. Da derselbe auch *rector vitae* genannt wird, so ist damit offenbar ein Lehrer gemeint. Die wenigen Urkunden, welche von diesem Kloster vorhanden sind, lassen den weiteren Nachweis für die Wirksamkeit der Klosterschule nicht zu. Doch ist daran nach der Analogie mit anderen auch kleineren Chorherrenstiften nicht zu zweifeln. Dasselbe gilt von Waldhausen, gegründet 1146. Dass dort theologische Hausstudien bestanden, beweiset die Verbrüderungs-Urkunde von 1306 zwischen diesem Kloster und St. Florian.[1]

Eine stark besuchte Klosterschule war zu Klosterneuburg, welches seit 1133 mit regulirten Chorherren besetzt war. Die Schule kommt urkundlich schon um Mitte des 12. Jahrhunderts und zwar mit zwei Lehrern vor,[2] welche wir daselbst auch im 14. und 15. Jahrhundert antreffen. Der erste urkundlich genannte Chorherr, welcher die Schule leitete und hier *paedagogus* geheissen war, ist P a b o im Jahre 1260. Im Todtenbuch dieses Hauses aus dem 13. Jahrhundert kommen viele Oblatenschüler und weltliche Scolaren vor. Um 1350 wurde die Schule nicht mehr von Stiftsmitgliedern besetzt, aber wohl vom Stifte erhalten.[3] Man hat hier wie anderwärts weltliche Lehrer aufgenommen, die später Theologen wurden, wie aus einem Wilheringer Briefcodex des 14. Jahrhunderts hervorgeht, wo einem solchen die nächste erledigte Pfründe mit oder ohne Seelsorge, über welche Klosterneuburg zu verfügen hat, zur Belohnung seiner treuen Dienste versprochen wird. Es wird zugleich gesagt, dass, im Falle der *magister Johannes* die Pfründe nehmen wolle, man denselben dem Ordinarius präsentiren werde, nachdem er in gehörigen Intervallen die höheren Weihen empfangen hätte.[4] Nach Entstehung der Wiener Universität wirkten Klosterneuburger Chorherren an derselben als Professoren, wie denn das Stift viele graduirte Canoniker besass.[5]

Schon der alte Biograph des Bischofs Altmann von Passau, R u p e r t, Abt von Göttweih (1173—1199), nennt St.

---

[1] Auf die Nachricht von einem verstorbenen Florianer *clerici de manu decani finito capitulo similem recipiant disciplinam* Urk. Buch Oberösterr. IV. 516. — [2] *Serviens magistri scolarum* unterschreibt sich der Zeuge in einer Urkunde. *Fontes rer. austr.* Band 4. S. 40. — [3] *Fontes rer. austr.* Band 10. Einleitung 43. — [4] *Codex epist.* N. 73. pag. 283 im Kloster Wilhering. — [5] Fischer Klosterneuburg I. 187, 218 und f.

Pölten zu seinen Lebzeiten durch seine Schulen berühmt. Der erste Probst, den Altmann nach der Restauration 1081 dort eingesetzt hatte, Engelbert, hatte dort eine Schule aufgerichtet, in welcher Unterricht in den freien Künsten und geistlichen Berufskenntnissen ertheilt und welche zahlreich auch von Adeligen besucht wurde.[1]) Das Todtenbuch von St. Pölten führt zwei Scholastiker Namens Otto auf, welche Chorherren von St. Pölten waren und nach ihrer Einreihung im Necrologe dem 13. Jahrhundert angehören.[2]) Nach Errichtung der Wiener Universität macht Pfarrer Albert von Gars 1370 eine Stiftung für drei Chorherren von St. Pölten und einem Studenten des Klosters; die Chorherren sollten als *sublectores* an der Universität „stetichleich lesen und lernen".[3]) Im 15. Jahrhundert kommt auch ein verheirateter Rector der Klosterschule mit Namen Weikhardus vor, der 1461 gestorben ist. Das Necrologium führt auch mehrere *pueri oblati* auf.

Im Chorherrenkloster St. Georgen an der Donau, welches dem Bischof Ulrich von Passau 1112 seinen Ursprung verdankt, kommt bereits um 1195 ein *Sifridus magister scolarum*, 1218 ein *magister Sigelhochus s. Georgii canonicus* vor.[4]) Das Kloster wurde seiner ungesunden Lage wegen 1244 nach Herzogenburg verlegt. In dem Plane, welcher das alte Kloster Herzogenburg in seinem Bestande von 1244 darstellt, kommt ein eigenes Haus für die Schule vor. Es liegt an der Strassenseite und war ohne Zweifel das Locale für die Convent- und die äussere Schule, weil für erstere in der detaillirten Beschreibung keine Räumlichkeit verzeichnet ist.[5])

Wir sehen daraus, dass mit Aufrichtung des Klosters auch gleich die Schule da war. Das kleine Chorherrenstift St. Andrä an der Traisen, seit 1148 von regulirten Chorherren besetzt, hatte gleichfalls schon im 12. Jahrhundert seine Schule. Das Necrologium dieses Hauses führt aus dem 12. Jahrhundert zahlreiche

---

[1]) *Hieron. Pez, Scriptores rer. austr. I. 145* und *Maderna Histor. San-Hippolitana pars II. 34.* — [2]) Wiedemann Necrol. von St. Pölten in den *Fontes rer. austr.* Band 21. Abtheil. 2. — [3]) *Raimund Duellius Excerpta geneal. lib. I. pars I. 27.* — [4]) Archiv für österr. Geschichtsquellen Band 9. S. 271, 279. — [5]) Der Plan ist im Archiv für österr. Geschichtsquellen, Jahrgang 1850.

pueri und *scolares* auf, von denen einige durch den Beisatz *frater noster* als Oblaten bezeichnet werden.[1]) Um die Mitte des 13. Jahrhunderts kommt ein *magister Heinricus plebanus de Gravenwerd* unter den verstorbenen Chorherren vor.[2]) In das 15. oder 16. Jahrhundert gehört *Maurus Wisner scholasticus ad s. Andream* im Todtenbuch von St. Pölten.

Tiernstein, gegründet 1410, mag wohl seine Cleriker zu Hause unterrichtet haben; wenigstens kommen im Todtenbuche von St. Pölten Diaconen, Subdiaconen, Acolythen von Tiernstein vor, ohne dass irgendwo ein Zeugniss sich fände, dass diese an einer fremden Anstalt gebildet worden wären. Das obengenannte Necrologium führt einen am 16. Jänner 1527 verstorbenen *artium magister in tirnstain* auf, was freilich nicht nothwendig einen Kloster-Scholasticus bezeichnen muss.

Im Chorherrenstifte St. Dorothea zu Wien, errichtet 1414, kommen viele graduirte Chorherren vor, aber keine Spur von einer Klosterschule. Wahrscheinlich hatten sie keine eigene Lateinschule, da deren in Wien mehrere waren und liessen ihre Cleriker an der Universität studiren.

Wiener-Neustadt, gegründet 1460, Schrattenthal, gegründet 1476, haben bei ihrer kurzen Lebensdauer (60 Jahre) wenig wirken können, wenn sie anders Schulen besessen, wovon sich keine Spur findet.[3])

Zweite Abtheilung.

Innere Zustände der Schule.

§. 6. Lehrgegenstände. XII. und XIII. Jahrhundert.

Der christlichen Vorzeit war die heilige Schrift die Summe alles Wissens. Zur gelehrten Bildung gehörte nur das, was sich auf die Anleitung zum rechten Verständniss des göttlichen Wortes bezog. Da die Bibel für die abendländische Christenheit im

---

[1]) Archiv für österr. Geschichtsquellen Bd. 19. — [2]) l. c. 398. — [3]) *Fontes rer. austr.* Bd. 1. S. 81 u. f.

Latein der *Vulgata* beglaubigtes Ansehen hatte, und überdiess
diese Sprache die amtliche der Kirche war, so war zunächst die
Kenntniss derselben für die christlichen Gelehrten und Geistlichen
unerlässliche Bedingung. Die Bilder und Tropen der heiligen
Schrift forderten einige Bekanntschaft mit der Rhetorik, die
richtige Auslegung und die Deduction gesunder Lehren war
nicht möglich ohne dialectische Schulung; die Herstellung des
kirchlichen Kalenders war nicht ohne arithmetische und astronomische Begriffe zu bewerkstelligen, die Urbarmachung und Zer-
theilung der Ländereien, die Errichtung von kirchlichen Gebäuden
hatte die Grundzüge der Messkunst zur Voraussetzung und endlich forderte der Kirchengesang und das Orgelspiel, im Mittelalter durch Geistliche ausgeführt, den Unterricht in der Musik.
So war der Kreis der nothwendigen kirchlichen Vorbereitungs-
wissenschaft gezogen. Die Kirche adoptirte für diese Kenntnisse
die Eintheilung, welche schon die heidnischen Römer für ihren
gelehrten Unterricht machten, denen derselbe in die 7 freien
Künste und diese in das *Trivium* und *Quadrivium* zerfiel. Unter
Trivium verstand man den Unterricht in Grammatik, Rhetorik,
Dialectik, unter *Quadrivium* das Studium der Arithmetik, Geometrie,
Astronomie und Musik. Für den Anbau dieser Wissenschaften
schrieben schon Origenes und Augustinus zahlreiche Abhandlungen; nach ihnen haben Marcianus Capella, Boethius,
Cassiodorus, Isidor von Sevilla, Beda, Alcuin, Rhabanus Maurus Lehrbücher über diese Gegenstände verfasst,
nach denen durch das ganze Mittelalter vorgetragen wurde. Man
verband mit diesen Studien zur Uebung und zum Vergnügen
die Lectüre der Classiker, für deren Pflege Augustinus und
Gregorius der Grosse ihr gewichtiges Wort eingelegt hatten.[1]

Aus Italien nahm Carl der Grosse die Vorbilder für die
Restauration des tief darniederliegenden Unterrichtes in seinem
Reiche. Der fränkische Schulplan von Alcuin entworfen, wurde
Richtschnur für die grosse Pflanzschule der Bildung für die
Hofschule zu Paris, für die Klöster zu Tours, Corbie, Prüm,
Fulda, Reichenau, St. Gallen, wohin zahlreiche Mönche anderer
Klöster gesendet wurden, um höhere Bildung sich anzueignen

---

[1] *Mabillon de studiis monasticis vol. II. 81.*

und dann zu Hause das Amt des Scholasticus zu versehen,[1])
oder von wo neue Klostercolonien auszogen, welche natürlich
die Einrichtungen der Heimath auf den neuen Boden ver-
pflanzten. [2])

Nach Salzburg sandte Alcuin Lehrer und Bücher an
seinen vertrauten Freund, den Abterzbischof Arno; Lehrer also,
welche unter ihm zu Tours gebildet worden waren und jetzt die
Aufgabe hatten, im Geiste Alcuin's den Unterricht in Salzburg
einzurichten. [3]) Einen auffallenden Beleg aber für die Gleich-
förmigkeit der Einrichtungen und die Uebereinstimmung der
Lehrart in den Klöstern geben die *Codices manuscripti* ehe-
maliger Ordenshäuser in den Staatsbibliotheken zu München und
Wien.

Die zahlreichen Abschriften ein und derselben Unter-
richtsbücher in den Klöstern Oesterreichs und Baierns zeigen
klärlich, dass der Unterricht nach demselben Plan und mit denselben Mitteln ausgeführt wurde. [4]) Bestätigt wird diese Wahrnehmung durch die Wanderungen der Lehrer und der Schüler
von einer Anstalt zur anderen. So kam der Mönch Kunibert
von St. Gallen als Lehrer der Wissenschaften nach Salzburg (um
957); Ekkchard IV. von St. Gallen wird um die nämliche Zeit
nach Mainz zur Leitung der Schulen berufen; [5]) Gerhoch von
Reichersberg studirt zu Freisingen; von da geht er zur Fort-
setzung seiner Studien nach Hildesheim, um darauf in Augsburg
Lehrer an der Domschule zu werden. [6])

Was nun die Klosterschulen anbelangt, durch welche
man diese gelehrten Kenntnisse zu verbreiten suchte, so gab
es verschiedene Classen derselben; solche, in denen alle sieben
freien Künste oder das gesammte *Trivium* und *Quadrivium*
gelehrt wurde, wie Reichenau, St. Gallen, Hirsau, Fulda,

---

[1]) *Gerbert Hist. nig. silvae I. 123.* — [2]) So wurde z. B. Nieder-
Altach durch eine Colonie von Reichenau, Kremsmünster durch eine Colonie
von Nieder-Altach gegründet. — [3]) Gymnasial-Programm von Seitenstetten
1868. 38 ff. — [4]) Unter den *codices* aufgehobener österr. Stifte, welche
jetzt in der Wiener Hofbibliothek sind, kommt häufig die Schrift *Alcuins
de artibus liberalibus* vor; ebenso das nämliche Werk von Boethius. Siehe
Tabellae cod. man. Bibl. Caes. Palat. Vienn. — [5]) Schubinger Sängerschule
von St. Gallen. 79, 82. — [6]) Stülz, Gerhoch von Reichersberg, Denkschriften d. k. k. Acad.

St. Peter in Salzburg, [1]) in denen auch Mönche fremder Klöster zu Lehrern ausgebildet wurden; solche, in denen nur das Trivium und Musik behandelt wurden, [2]) und wieder andere, in welchen man nur die Elementarkenntnisse Lesen, Schreiben, lateinische Grammatik und Musik sich aneignen konnte. Auch sind neben dem die Entwicklungsstadien der einzelnen Ordenshäuser wohl zu unterscheiden. Wäre zum wenigsten das Trivium in allen Klöstern betrieben worden, so hätte das öcumenische Concil von Vienne (1311) nicht nöthig gehabt zu verordnen, dass an allen Kathedralen und Klöstern von genügendem Vermögen ein tauglicher Lehrer angestellt werde, der im Stande ist, die jungen Cleriker in der *scientiis primitivis*, das ist Grammatik, Logik, Philosophie zu unterrichten.[3]) Es wäre nicht nothwendig gewesen, dass um 1475 der Sohn des Klosterschreibers von Lambach, der dort schon einigen Unterricht empfangen hatte, nach Florian geschickt wurde, um sich neben den nothwendigen Kenntnissen auch im Gesang und zierlicher lateinischer Rede auszubilden.[4])

Der Grund der voreiligen Annahme höherer Studien in so manchen Klöstern liegt darin, dass man das, was man von einigen wusste, fehlerhaft auf alle übertrug oder zur Grundlage der Untersuchung über diesen Gegenstand die vorhandenen Manuscripte machte, ohne zu unterscheiden, welche *Codices* im fraglichen Stifte entstanden sind und ihr Vorhandensein einem Bedürfniss verdanken und welche etwa durch Erbschaft oder Schenkung in den Besitz des Klosters gelangt sind. Im 14. und 15. Jahrhundert wurden zahlreiche Handschriften in österreichischen Klöstern von Weltgeistlichen an dieselben vermacht, welche ihre Studien an höheren bischöflichen oder weltlichen

---

[1]) Ueber Reichenau siehe Schulprogramm von Einsiedeln 1857; über St. Gallen, Arx Gesch. v. St. G.; über Fulda, *Rhabanus Maurus de institutione clericorum*, über Hirsau, *Gerbert Hist. nig. silvae*, über St. Peter, Vierthaler Gesch. d. Schulwesens in Salzburg. — [2]) *Launoius de scolis celebrioribus 87.* — [3]) *Gerbert Hist. nig. silvae II. 178.* Der Ausdruck *scientiae primitivae* wird in obiger Weise von Papst Benedict XII. in seiner *constitutio* für die regulirten Chorherren 1338 erläutert. Siehe *Amort Vetus Discipl. 464.* — [4]) *Et utinam Petrus ultra necessarium studium suum etiam applicetur ad discendum cantum et fari artificialiter latinum.* Beilage III. 14. Siehe auch 16.

Schulen gemacht und deren Schulcompendien natürlich keinen Schluss auf die Klosterschulen zu lassen. In dem Folgenden sind den Angaben nur solche *Codices* zu Grunde gelegt, welche durch Inscriptionen oder sonstige Beziehungen auf Florianer Verhältnisse ihren Ursprung oder ihre Verwendung daselbst documentiren. Da man zum Einbinden, was im Mittelalter in Florian selbst geschah, häufig entbehrliche Schultractate verwendete, so wurde auch auf die Deckel und Vorstehblätter gebührend Rücksicht genommen.[1]

Nach dem Gesagten trieb man in Florian während des 12. und 13. Jahrhunderts Grammatik nach *Alcuins de octo partibus orationis* und kleineren Schulcompendien. Auf die Grammatik, welche in Etymologie, Orthographie und Metrik zerfiel, kam die Rhetorik, die Anleitung zur kunstreich gefügten Rede. Damit wurden Uebungen im Briefschreiben und in der Versekunst verbunden, wie hie und da zerstreute Notizen, die schon früher erwähnten poetischen Arbeiten des Chorherrn Altmann, dann die Hymnen auf den heiligen Florian, Kaiser Heinrich, dessen Gemalin Kunigund und andere beweisen, welche sich als Muster von Schularbeiten in den *Codices* befinden. Als Vorbilder der Redekunst wurden auch Ansprachen von Päpsten oder Gesandten am römischen Hofe hergenommen.

Man las die Fabeln Aesops, die Werke Sallust's, die Reden Cicero's, das *somnium Scipionis*. Der dem Heldenhaften und Abenteuerlichen zugewandte Geist des Zeitalters begünstigte vor Allem die Epen, wie *Virgils Aeneis,* die *Achilleis* des *Statius, Claudianus de raptu Proserpinae* und ganz besonders *Lucan's Pharsalia;* neben dem die *Bucolica Virgils* und die Briefe des *Horaz.* Aber über den Classikern wurde die christliche Literatur nicht vernachlässigt; vor Allem hoch wurde *Boethius de consolatione philosophiae* gehalten. Man hatte eine poetische Umschreibung des Buches Tobias von *magister Mathaeus von Vendome,* ein *carmen leoninum* von den 6 Tagewerken, das *Exaemeron* eines gewissen Heinrich von Augusta, Hymnen und Cantica auf einzelne Heilige, die Briefe des heiligen Hieronymus.

---

[1] Dass man von den Codices einen gerechten Schluss auf die Klosterstudien machen könne, ist nach Mabillon's Vorgang unbedenklich. *Mabillon de studiis monasticis. II. 150, 155.*

Die Dialectik oder die Lehre vom wissenschaftlichen Erkennen trieb man in Florian nach kleinen Tractaten, worin besonders die Logik berücksichtigt wurde. Die verbreitetsten Schriften des Aristoteles *de anima, de sensu et sensato, de memoria
et reminiscentia* waren auch in Florian schon im 12. Jahrhundert vorhanden.

Arithmetik wurde ohne Zweifel gelehrt; dazu nöthigten
schon die bedeutenden Kirchen- und Wirthschafts-Rechnungen
eines solchen Hauses; dann der Kirchenkalender, welcher damals in Florian wie anderwärts einen Schulgegenstand ausmachte,
der sich mit der Berechnung der beweglichen Kirchenfeste beschäftigte. Die Schüler mussten nämlich die Feste auf die gehörigen Tage verlegen lernen. Auch findet sich in einem Codex
der Wiener Hofbibliothek aus dem XII. Jahrhundert, welcher
einst St. Florian angehörte und seiner ganzen Zusammenstellung
nach für Schulzwecke diente, eine Anleitung zum Fingerrechnen,
welche die zeitraubende Tafelrechnung ersetzen sollte.[1]) Viel
kann man sich aber mit Rechenkunst nicht beschäftigt haben;
man wird kaum über die 4 *species* und Regel *de Tri* hinaus-
gegangen sein, weil sich in den Florianer Handschriften dieser
Zeit nirgends eine Spur davon findet. Hat man sich ja noch
zu Ende des 14. Jahrhunderts an der Wiener Universität damit
begnügt.[2]) Von Geometrie findet sich nicht die leiseste Andeu-
tung, eben so wenig von Erdkunde; heilige Geschichte wurde
mit der Rethorik verbunden und nach Petrus Comestor's *Historia
Scholastica* behandelt, womit man eine kurze Beschreibung des
heiligen Landes verband.

Was die Theorie der Astronomie und Musik anbelangt, so
gab es darüber in Florian blosse Tractätlein von etlichen Blättern,
welche die nothwendigsten Begriffe analysirten mit Tafeln über
das Ptolomäische Planetensystem, Thierkreis, Mondesphasen,
Winde, Himmelsgegenden. Praktisch wurden die Schüler zum
Psalmengesang an Sonn- und Feiertagen in der Kirche ange-
halten, Hymnen religiösen Inhalts eingelernt. Eine bedeutende
Anzahl von Miniaturen, welche St. Florian im 12. und 13. Jahr-

---

[1]) *Denis Cod. Lat. Vol. I. pars. I. pag. 390.* — [2]) Kink Gesch. der
Wiener Universität I. 86. Anm.

hundert ihre Entstehung verdanken, zeigen, dass man auch im Zeichnen und Malerei Unterricht ertheilte.

Das Studium der Theologie war damals vorzüglich Studium der heiligen Schrift[1]) und des Canonischen Rechtes. Man lehrte schon im 12. Jahrhundert in Florian die Grundsätze der rechten Auslegung *in nuce*, eine Einleitung in die einzelnen Schriften und die Elemente der heiligen Archäologie in compendiarischer Form. Man hatte keine eigentlichen Commentare, sondern Auslegungen durch Glossen von doppelter Form, sehr kurzen in wenig Worten bestehenden und ausführlichen nach den Pariser Lehrern *Alanus ab insulis, Petrus Lombardus, Petrus Cantor, Petrus de Riga.* Letzterer enthält mehr Argumentenangabe. Am häufigsten wurden die *Evangelien,* das *Psalterium* und das im Zeitalter des Minnedienstes und Minneliedes so sehr beliebte *Canticum Canticorum* gelesen.

Das *Decretum Gratiani* und die *Decretalen* wurden in der Form von kurzen Auszügen manchmal auch metrisch, um das Studium zu beleben, vorgetragen und glossirt. Für die praktische Seelsorge genügten *Summen de poenitentia* und *de matrimonio.* Derlei *Summen* ein Dutzend Blätter stark über die vornehmsten Glaubenswahrheiten, z. B. die angeblich von Boethius herrührende *confessio fidei* oder von ähnlicher Knappheit über die Tugenden und Laster scheinen zum Religions-Unterricht in der Lateinschule gedient zu haben.

Hebräisch und Griechisch wurde in Florian weder jetzt noch im späteren Mittelalter betrieben; nur das griechische Alphabet findet sich in einem Florianer Codex des 13. Jahrhunderts.

§. 7. XIV. und XV. Jahrhundert.

Wenn man die Lehrmittel des 14. Jahrhunderts in der Stiftsbibliothek erblickt,[2]) so treten zwei Dinge besonders auffal-

---

[1]) Im 12. Jahrh. bestand zu Paris zu Abälard's Zeiten das theologische Studium nur im Lesen und Glossiren der heil. Schrift. Auch dort waren die Psalmen, die Schriften Salomo's und die Propheten vorzüglich beliebt. *Launoius de scolis celebrioribus 189. 200.* — [2]) Viele sind noch mit den Kritzeleien der Schüler bedeckt, so wie in den vorangegangenen Jahrhunderten.

lend in der theologischen Abtheilung hervor. Man sieht, welchen Einfluss die Wiener Universität auch auf die Kloster-Lehranstalten geübt haben müsse, an der grossen Menge von Tractaten, welche von gefeierten Wiener Professoren herrühren. Die Abhängigkeit von der grossen Metropole des Westens hat damit aufgehört. Die zweite Wahrnehmung ist die Herrschaft, welche Dominikaner und Franciskaner durch eine Fluth von Unterrichtsmitteln auch in solchen Klöstern ausüben, welche ihren Orden nicht angehören. Sie waren ihre Lehrer geworden.

Die leichtere Anschaffung des Schreibmateriales, des Papieres nämlich, welches erst in diesem Jahrhundert in Deutschland vorkommt, begünstigte jetzt die Vervielfältigung von Lehrbüchern, so wie sie auch jetzt häufiger durch Kauf und Erbschaft erworben wurden. Daher die grössere Menge von Schultractaten. Auffallend ist es, dass das Fach der lateinischen Classiker in diesem Jahrhundert fast gar keine Bereicherung erfahren hat, während die Schriften über Dialectik sehr angewachsen sind, der Vorliebe des Zeitalters für dialectische Turniere und dem Grundsatze der Theologen: *Est sine logica theologus, quasi coronatus asinus,* entsprechend.

Die philologischen Lehrmittel des Jahrhunderts sind vermehrt worden durch die *Disticha Catonis cum commentario* eines der beliebtesten Bücher des Mittelalters für Lateinunterricht; dann durch die so häufig gelesene *ecloga Theoduli,* einen paraenetisch-didactischen Gedicht, den *Anticlaudianus* des *Alanus de insulis* einen gleichfalls moralischen Lehrgedicht und beide der christlichen Poesie angehörig. Das vermehrte dialectische Studium zeigen die zahlreichen hier einschlägigen Abhandlungen.

In der Theologie weisen die ungemein vielen *Summen de poenitentia, de confessione, de sacramentis, de virtutibus et vitiis* der verschiedensten Autoren darauf hin, dass die practische Ausbildung des Geistlichen jetzt höhere Anforderungen stellte. Man hatte die *Summen* des Thomas von Aquin, Raimund von Pennaforte, Bartholomäus *a s. Concordio (Summa Pisana),* Johann von Freiburg, lauter Dominikanern, nebst vielen Anderen. Die erhöhte Wichtigkeit der practischen Bildung erhellt auch aus den vielen canonistischen Werken, wovon ein *compendium Decreti Gratiani* eigens den Beisatz *ad directionem novellorum sacerdotum* hat. Verwandtschafts- und Schwägerschaftstafeln sind vielfach vorhanden. Kürzere und längere Tractate über die *libri sententiarum* sind Zeugniss, dass man auch der systematischen Theologie Aufmerksamkeit schenkte. Von den heiligen Schriften wurde noch immer den Psalmen und dem hohen Liede eine besondere Vorliebe zugewandt; man benützte in dieser Zeit auch die exegetischen Werke des heiligen Gregor und die Auslegungen des Dominikaners Nicolaus von Gorram. Für die cursorische Lectüre der heiligen Schrift war gesorgt durch die kurzen Erklärungen zu schwierigen Worten von *Alanus de insulis* und dem Minoriten Brito.

Was die Lehrmittel des 15. Jahrhunderts anbelangt, so ist noch das *compendium* eines Florianer Scolaren aus dem Ende des Jahrhunderts vorhanden, aus welchem wir sehen, dass man lateinische Sprache nach dem Doctrinale des Minoriten *Alexander de villa Dei* lehrte. Die Anfangsgründe im Latein wurden nach einer kurzen Formenlehre, *Donatus* genannt, vorgenommen. Für die Lehrer diente zum tieferen Studium die weitläufige Grammatik des *Priscianus*. Abhandlungen über die Rhetorik und über die Kunst des Briefschreibens, darunter auch *Ganfredi poetria nova de arte dictandi,* zahlreiche Briefmuster, oratorische Schulübungen beweisen, dass man neben dem Verständniss der Classiker auch die practische Bildung für das Leben und seine Anforderung an Briefstyl und Eloquenz im Auge hatte. Auch in diesem Jahrhundert erfreut sich die Ecloga Theodul's fortdauernder Beachtung in Florian. Man las ferner die Comödien des Terenz und ausgewählte Briefe Cicero's; Boethii Trost der Philosophie übt seinen alten Reiz; dazu kommt die Analyse von Liedern und Gedichten auf grosse Kirchenfeste und Heilige. Kurze Tractate über Dialectik, Arithmetik, Astronomie, Kirchenkalender, Musik beurkunden das Interesse der Schule an diesen Dingen.

Auch über Geometrie kommt jetzt etwas vor, so dass man sagen kann, in St. Florian habe man in der 2. Hälfte des 15. Jahrhunderts neben dem *Trivium* auch das *Quadrivium* wenigstens in seinen Grundzügen zu lehren versucht. Dazu kommen noch *Compendien de vita et moribus philosophorum* und *de genealogia deorum,* womit das Lehrmateriale in diesem Jahrhundert vermehrt wurde. Was profane Geschichte anbelangt, so scheint man dieselbe in der Form ganz kurzer Chroniken von einigen Seiten bloss die Hauptereignisse enthaltend den Schülern dictirt zu haben.

Zum Studium der heiligen Schrift benützte man vielfach den *Mamotrectus*, ein grammatisch-historisch-archäologisches Handbuch zur Bibel. Unter den exegetischen Schriftstellern findet man den Franciskaner Nicolaus von Lyra mit seinen Noten zur ganzen Bibel und den Nicolaus von Gorram mit denselben zu den Paulinischen Briefen. Man hatte kleine Handbücher der Glaubenslehre, z. B. den *Lucidarius bonus*, das *compendium theologicae veritatis*. Zum ausführlicheren Studium der Dogmatik dienen jetzt Commentare und Einleitungen zu den *4 libri sententiarum*, für die Moraltheologie zahlreiche Tractate über das 4. Buch der Sentenzen des Lombardus, welches von den Sacramenten handelt, ferner viele *Summen de poenitentia, de confessione, de 10 praeceptis, de virtutibus et vitiis*, welche vom Eifer für die practische Ausbildung des Geistlichen Zeugniss geben.

Aus dem Kirchenrechte trifft man Vorlesungen über den *arbor consanguinitatis* und *affinitatis* an, ferner Auszüge aus Decretaliensammlungen, Darstellungen des canonischen Processes im *liber Belial* von Jacob von Theramo.

Aus den vorhandenen Lehrmitteln des 15. Jahrhunderts leuchtet unverkennbar hervor, dass sie nicht bloss der Zahl nach bedeutend sich vermehrten, sondern dass sie auch manigfaltiger wurden und einige ganz neue Fächer zu den alten hinzutraten.

Der Grund liegt in dem Einflusse, den jetzt die Wiener Universität durch volle 100 Jahre auf die Bildung im Allgemeinen und auf die Bildung des Clerus im Besonderen ausübte. Durch ihre Thätigkeit war die Summe des Wissens im Lande so sehr vermehrt worden und der Werth der Bildung der Art gestiegen, dass der Klostergeistliche aus Achtung vor seinem Stand in der Geistescultur hinter den auf der Universität gebildeten Clerikern nicht allzu sehr zurückbleiben durfte; daher das Bestreben, sich die Lehrmittel der Hochschule zu verschaffen, daher die neuen Fächer und die Menge von Summen, Tractaten und Compendien, welche ihre Entstehung den berühmten Professoren Wiens verdankten.

§. 8. Aufeinanderfolge der Unterrichtsgegenstände und Methode.

Nach Walafrid Strabo wurde zu seiner Zeit im Kloster Reichenau, welches eine Musteranstalt für ganz Süddeutschland[1]) geworden ist, nach vorausgeschicktem Elementarunterricht im Lesen und Schreiben die Grammatik durch 4 Jahre gelehrt. Sie zerfiel in Etymologie, Orthographie und Metrik, womit die Lehre von den Figuren und Tropen verbunden war. Ausser kleineren Briefen machte man keine schriftlichen Aufsätze. Nebenher ging der Unterricht aus der biblischen Geschichte alten und neuen Testaments. Rhetorik, welche darauf folgte, wurde nach dem Lehrbuche Cassiodor's vorgetragen, die rhetorischen Schriften Cicero's wurden in der Schule commentirt, poetische und rhetorische Aufsätze gemacht. Zugleich begann jetzt das Studium der Geschichte nach Compendien, welche aus den Chroniken des Eusebius von Caesarea, des heiligen Hieronymus, Cassiodor's, Jornandes etc. zusammengestellt waren. Ein Jahr, nachdem man mit der Rhetorik begonnen, fing man das Studium der Dialectik an, nach Alcuin, Boethius, Beda und Anderen. Man hielt Besprechungen über Gegenstände derselben, stellte Definitionen auf und vertheidigte sie. Das Lesen und Nachahmen der Classiker, die Uebungen in poetischen und oratorischen Aufsätzen wurden nebenbei fortgesetzt. Hierauf hub man das Studium der Arithmetik an nach Boethius, lernte das Rechnen mit den Fingern, den Gebrauch des Abacus (Rechenbret mit feinem Sand bestreut zu den arithmetischen Aufgaben) und die Berechnung des Kirchenkalenders. Es folgte das Studium der Geometrie nach Boethius, womit man Erdkunde und Naturgeschichte verband, dann Musik nach den Büchern des Boethius und Beda, zuletzt Astronomie nach dem Grundrisse des Boethius und den Schriften Beda's. Mit diesen Studien brachte man zum Wenigsten 10 Jahre zu. So war es im 9. Jahrhundert. Die artistischen Handschriften der Wiener Hofbibliothek, welche zum grossen Theile aus aufgehobenen Klöstern dahinge-

---

[1]) Strabo's Schüler waren die Bischöfe Ermenrich und Wiching von Passau. Siehe Schulplan von Reichenau im Programm des Gymnasiums zu Einsiedeln 1857.

wandert sind, die Handschriften derselben Art in den Klöstern
St. Florian und Wilhering zeigen, dass man im Ganzen denselben Stufengang noch im 15. Jahrhundert in Oesterreich beibehielt, wenn auch die Vorlesebücher durch andere verdrängt
wurden. Auffallend ist die ausserordentliche Seltenheit von
Handschriften der Mathematik und Geometrie unter den Codices
der Wiener Hofbibliothek, eine Erscheinung, welche im Zusam-
menhalt mit dem geringen Vorrath dieser Art in den noch bestehenden Klöstern beweist, dass man in sehr vielen gar nichts,
in einigen nur ganz wenig davon vortrug. Die vorhandenen sind
häufig nicht mehr als 6 Blätter in quarto stark. Viel häufiger
und umfangreicher finden sich in diesen Handschriften astronomische Tractate. Die Theorie der Musik zählt in den Wiener
Codices gleichfalls sehr wenig Abhandlungen und diese meist
nur 4—6 Blätter in Quartformat umfassend.

Griechische und hebräische Sprache betrieb man in den
Schulen gar nicht. Ausser den Alphabeten und einigen Wort-
erklärungen kommt in den Schulcodices bis gegen Ende des
15. Jahrhunderts weder in der Wiener Hofbibliothek, noch in
den Bibliotheken von St. Florian und Wilhering etwas vor.

Was die Methode anbelangt, so geschah der Unterricht
anfangs so viel als möglich im lebendigen Gespräche und Auswendiglernen. Selbst die Grammatik ist in dialogische Form
gebracht, z. B. die Alcuin's und diese Behandlung wurde durch
das ganze Mittelalter beliebt. Alle Tage bekamen die Knaben
einige Worte oder Verse zum Memoriren. Es finden sich in
unseren frühesten Handschriften kleine Verzeichnisse lateinischer
Worte mit deutscher Uebersetzung, wodurch die nothwendigsten
Dinge der Aussenwelt benennt werden, und die sich vollkommen
wie Pensa zum Auswendiglernen ausnehmen. Um solche Dinge
fest zu halten, bedienten sich die Schüler mit Wachs über-
zogener Tafeln und der Griffeln. Daneben waren sie zum Gebrauch der lateinischen Sprache auch bei ihren Unterhaltungen
strenge verhalten. Da die Handschriften der Autoren selten und
theuer waren, ihre Zahl, z. B. der Classiker, für die Schüler in
den Klöstern nicht genügte, so wurde viel dictirt. Darum sagt
Thomas Platter von den Schulen seiner Zeit: Alles was man
las, wurde zuerst dictirt, hernach distinguirt (i. e. interpungirt),
weiter construirt (d. i. in die grammatische Satzordnung ge-

bracht) und hierauf exponirt.[1]) Ein Hauptaugenmerk wurde beim
Lesen der Classiker auf die Umschreibung des Ausdrucks durch
einen synonymen gerichtet. Daher die vielen Handschriften von
Classikern und gedruckten Ausgaben des 15. Jahrhunderts in
unserer Bibliothek, wo fast jedes Wort über sich die synonymi-
sche Bedeutung hat, eine Gepflogenheit, die sich in die gedruckten Bücher weit in das 16. Jahrhundert hinein erstreckt.

Dabei diente das Studium der Classiker mehr zur Exem-
plification der grammatischen und rhetorischen Regeln, zur
mechanischen Nachahmung, als zur Hebung des Gedanken-
schatzes. Weil die geschriebenen Lehrbücher so selten und
theuer waren, suchte man den Inhalt des Faches in eine con-
centrirte Form, in gebundener oder ungebundener Rede zu bringen, welche das Wenige für das ganze Leben bewahren sollte.
Auf die Erlernung dieser ungefügen, barbarischen Gedächtniss-
Verse wurde sehr viel Zeit verwendet; noch mehr Zeit aber
wurde auf die Logik, das Steckenpferd des Gelehrtenthums, und
auf spitzfindige unnütze Disputirübungen vergeudet.[2])

§. 9. Die Lehrer.

Ein Uebelstand, der für das kräftige Fortschreiten der
Klosterschulen sehr hinderlich war, war der häufige Wechsel
und die Jugend der Lehrer. Gerhoch von Reichersberg
hatte kaum seine Studien in Hildesheim vollendet, so übernahm
er, beiläufig 25 Jahre alt, die Domschule in Augsburg.[3]) Wir
haben oben bei der Schilderung der Schulvorstände von St. Florian
im 13. Jahrhundert erwähnt, dass in diesem Jahrhundert einmal
ein Subdiacon die Klosterschule leitete und dass vom bischöflichen
Ordinariat in Passau ein Theologiestudent (scolaris) zum Scholasticus in Florian empfohlen wurde. Dasselbe wiederholt sich
oft in anderen Klöstern Oesterreichs. Der Verfall der Einfach-

---

[1]) Thomas Platter, ein Wanderstudent zu Anfang des 16. Jahrh.,
dann berühmter Schulmann. Siehe über ihn Vierthaler Gesch. der Cultur
und des Schulwesens in Salzburg 126, und Raumer Gesch. der Pädagogik
I. 377. Noch zu Anfang des 16. Jahrh. hatte in Breslau kein Student ein
gedrucktes Buch. l. c. — [2]) Kink Gesch. der Universität Wien. I. 74, 79,
81. Hormayr Gesch. Wiens. Bd. 5. Urk. Buch p. 180. — [3]) Stülz Gerhoch.
Denkschriften der k. k. Academie. S. 2.

heit, Arbeit und strengen Zucht, der mit dem Reichthum im 13. Jahrhundert in die alten Stifte eintrat, der Zudrang des Adels, der daraus eine Versorgungs-Anstalt machte, hat auch hier seine verderbliche Wirkung geäussert. Planmässiges Hinwirken auf die Ausbildung eigener Scholastiker fand nicht statt; trat ein solcher ab, so nahm man in der Noth, was sich anbot. Die Ausbildung der Zöglinge in weltlicher und geistlicher Wissenschaft überliess man jungen Theologen oder Laien, welche selbst gerade die Lateinschule absolvirt hatten und ihre Stelle häufig nur benützten, um sich Geld zu sammeln, damit sie ihre Studien an höheren Lehranstalten fortsetzen konnten.[1]) Man kann daraus einen Schluss machen auf das bescheidene Mass von Kenntnissen und Characterbildung, was solche Leute wenigstens Anfangs in ihr Amt mitbrachten.

Um - zu einem Schuldienst zu gelangen, war weder der Nachweis besonderer Studien, noch strengerer Prüfungen erforderlich. Die Anstellung erfolgte auf Empfehlung oder Zeugniss geleisteter Dienste; die Geschicklichkeit musste die Praxis erproben. Nur in den Zeiten der Wirksamkeit der Wiener Universität war es gewöhnlich, dass der Schulamts-Candidat das *Baccalaureat in artibus,* manchmal auch höhere Grade hatte. Ueber diess Alles gab es keine öffentliche Controle, welche zu einem stets gleich bleibenden Eifer anspornen konnte.

Die ansehnlichsten Klosterschulen, wie die Domschule in Salzburg, St. Peter, Kremsmünster, Florian, Mölk, Klosterneuburg, hatten in der zweiten Hälfte des 15. Jahrhunderts weltliche Lehrer. In den vier letzten Häusern wirkte neben dem Scholasticus auch noch ein Succentor; zu St. Peter in Salzburg und an der Domschule daselbst wegen der grossen Menge von Schülern neben dem Rector oder Scholasticus mehrere Lehrer.[2]) Man bezog sie oft aus weiter Ferne. Nikolaus von Dünkelsbühl aus Schwaben, später Rector der Universität Wien, war Lehrer der jungen Klosterzöglinge in Mölk in Philosophie und Theologie.[3]) Die Aebte von St. Peter beriefen ihre Lehrer in der ersten Hälfte des 15. Jahrhunderts aus Wien.[4]) Der gelehrte Scholasticus Johann Slitpacher von Mölk war aus Weilheim in

---

[1]) Beilage III. Nr. 3. — [2]) Vierthaler Gesch. d. Schulwesens und der Cultur in Salzburg. 113. — [3]) *Gerbert Hist. nig. silvae II. 270.* — [4]) Vierthaler l. c. 83, 84. —

Schwaben.[1]) Der Scholasticus von St. Florian, Mathias S t e i n -
h e h l e r, war zu Reichersberg im Innkreis geboren.

Die Klosterlehrer hatten, wenn sie nicht dem Hause angehörten, ausser der Verpflegung auch ein Geldeinkommen.
Was sie in Florian im Mittelalter an Gehalt bezogen haben,
lässt sich aus Mangel an Nachrichten nicht bestimmen. Als
Massstab mag der lateinische Schulmeister von Enns dienen, der
anno 1415 von Seite des Dechants die Kost „eines gesellen"
(i. e. Caplans) und 2 Pfund Jahresgehalt ausser sonstigen Einkünften hatte.[2]) Zu diesen letzteren gehörte das Schulgeld und
Bezüge von Leichen, Jahrtägen u. s. w. Der Rector der Domschule in Salzburg hatte im 15. Jahrhundert nebst voller Verpflegung jährlich 8 Ducaten; der Rector der Klosterschule zu
St. Peter daselbst die Verpflegung und 5 Ducaten.[3]) Ein Ducaten
oder ungarischer Goldgulden galt 1473 in Oberösterreich nach
jetzigem Gelde 1 fl. 44 kr.[4]) Das bare Einkommen der beiden
Rectoren belief sich also auf je 11 fl. 52 kr. und 7 fl. 20 kr.
Unter Verpflegung ist auch Wohnung und Kleidung zu verstehen.
Man hat sich aber bei einem so kleinem Honorar zu vergegen-
wärtigen, dass damals selbst in Wien das Pfund Rindfleisch
nicht mehr als 2 Pfennige kostete, und dass man dort um
10 Pfennige „ein erbares ziemliches Mahl" bekam.[5])

Der niedrige Curs, - in dem gleichwohl damals das Schul-
meisteramt stand, tritt anschaulich in einem Beispiel des Klosters
Benediktbaiern hervor. Der Klosterschulmeister steht in einer
Reihe mit dem Küchenjungen und Klosterknecht und ragt auch
an Einkünften wenig über sie hervor. Die Rechnung lautet also:
Choch Maister Ulrich 6 Gulden. Item Unterkoch Jorg 4 Gulden,
Hoffgewandt. Kuchlbueben Christoff Hackl 3 Schilling Pfennig,
ain Hauslodin Rock, 2 Weiss Hosen, ain Juppen, 2 Pfaidtn,
4 par Schuech. Schulmaister Johannes Greis 4 Gulden, item
2 Pfund Pfennig für ain Rock, item 3 Schilling für die Hosn,
item 5 par Schuech. Klosterknecht Christl Föckl 2 Gulden,
Hoffgewandt, 5 par Schuech.[6])

---

[1]) Keiblinger Gesch. von Mölk I. 543. — [2]) Linzer Musealbericht
Band 30. S. 13, 14. — [3]) Vierthaler l. c. 114. — [4]) *Codex epistolaris* der
Bibliothek St. Florian Nr. 547 A. Brief 264. Der ungarische Gulden wird
gleich 11 Schillingen gerechnet. — [5]) Notizblatt der Wiener Academie.
1. Jahrgang S. 189. — [6]) Vierthaler l. c. 117.

Häufig geschah es, dass die weltlichen Lehrer später in den Stiftsverband traten und hohe Würden erlangten, so im 15. Jahrhundert zu St. Peter in Salzburg Erhardus de Lainiz, der später Abt daselbst wurde; in Kremsmünster Johannes Schreiber, der zu gleichen Ehren gelangte; Mathias Steinhebler, der es in Florian zum *cellerarius* oder Stiftsöconom brachte, damals nächst Probst und Decan die vornehmste Würde. Es war ein Glück für die Cultur, indem an solchen Männern das Streben nach Bildung und das Interesse der Schule eine Stütze fand.

§. 10. Die Schüler.

Wir haben oben bemerkt, dass im Kloster Florian Knaben aufgenommen wurden, die nur eine Zeit lang darin verweilten des Unterrichtes und der Erziehung wegen und solche, welche von ihren Eltern Gott dargebracht wurden und Geistliche werden sollten.[1] Nach der allgemeinen Sitte und den Beispielen anderer Chorherrenstifte hat man die Knaben ohne Zweifel in der zartesten Jugend mit 6—7 Jahren dem Kloster St. Florian anvertraut.[2] Wir haben noch in unserem Rituale aus dem Anfang des 12. Jahrhunderts die Gebete, welche über die Kleinen bei ihrer Gottopferung gesprochen wurden. Da heisst es: *Domine sancte pater omnipotens aeterne Deus, dignare gratanter suscipere primitias capillorum famuli tui, quas offert pietati tuae, ut per multorum annorum curricula gratias agens etiam barbae munus mereatur offerre et usque ad canitiei tempus eum perducere digneris.* Eine andere Oration lautet: *Omnipotens domine, qui famulis tuis ad te venientibus sanctae manus tuae benedictionem imponens, talium esse regnum coelorum dixisti, benedic hunc famulum cui in nomine tuo superflua capillorum incidimus; da ei aetatis provectus, intellectus et sapientiae spiritum; tribue ei ut te sapiat, te intelligat Dominum nostrum.*

---

[1] Anfangs wurde im Abendlande die Oblation der Profess gleichgehalten, doch schon im 11. Jahrhundert war die freie Berufswahl den Oblaten in den meisten Klöstern reservirt. Gegen Ende des 12. Jahrh. erklärten die Päpste die freie Selbstbestimmung der Oblaten. Siehe Bonner Theol. Lit. Bl. 1871 Nr. 18. — [2] z. B. in Reichersberg Urk. Buch Oberösterreichs I. p. 298.

Manche fingen den Schulbesuch später an. So der Geheimschreiber des Probstes E i n w i k, der mit 14 Jahren in die Schule St. Florian eintrat.[1] Nach 11jährigem Schulbesuch erhielt er das Subdiaconat. Probst E i n w i k selbst ging 14 Jahre in die Schule, bis er zum Priester geweiht wurde. G u n d a k e r v o n S t a r h e m b e r g starb nach zurückgelegtem 15. Schuljahre als Diacon. Der Unterricht begann mit den Elementen des Lesens und Schreibens. Die ganze Schulzeit dauerte damals für einen Candidaten des Priesteramtes vom Erlernen des Alphabets bis zur Handauflegung 14—15 Jahre, während heut zu Tage für dieselbe Lehrzeit 15—18 Jahre verwendet werden.

Die Kleidung der Oblaten war das Mönchskleid; die anderen Zöglinge, welche im Kloster verpflegt wurden, trugen das weltliche Kleid.[2] So war es zu St. Peter in Salzburg, in Mölk, Göttweih, Schotten in Wien. In Oesterreich haben schon im 12. Jahrhundert die Adeligen ihre Söhne den benachbarten Klöstern oft nur zur Erziehung und Unterricht übergeben. Bei der Naturalwirthschaft der damaligen Zeit wurde das Honorar bald mit einem *praedium*, bald mit mehreren Mansen, mit Obst- und Weingärten oder Leibeignen geleistet. E p p o, ein Oblat von St. Florian im 13. Jahrhundert, gab ein Pferd, der obige G u n d a k e r v o n S t a r h e m b e r g brachte eine Mühle.

Es ist schwer zu sagen, wie gross die Zahl der Klosterschüler in Florian gewesen sei. In der Geschichte anderer Klöster Oesterreichs finden sich keine Angaben darüber, die man als Analogien benützen könnte. So lange die Klöster noch wenige, die Städte nicht entwickelt waren, hatten die bedeutendsten eine grosse Anzahl von Schülern. So hatte das Kloster St. Ricquier in der Picardie im 8. Jahrhundert 100 Oblatenschüler.[3] Reichenau im Bodensee im 9. Jahrhundert 100 Zöglinge der inneren, 400 der äusseren Schule. St. Gallen hatte gegen Ausgang dieses Jahrhunderts 20 Oblaten.[4] Je mehr die Klöster sich vermehrten, die Stadtschulen seit dem 12. Jahrhundert emporkamen, desto geringer muss die Zahl der Schüler

---

[1] *Calendarium Alberti parochi* bei Pertz Mon. Germ XI. p. 753. — [2] Keiblinger. Mölk. I. 581. Programm des Gymnasiums zu Seitenstetten 1870. S. 43. — [3] *Mabillon Acta Sanct. Ord. s. Ben. tom. III. praefat.* 45. — [4] l. c.

geworden sein; nur die Klosterschulen in den sich vergrössern-
den Städten haben davon eine Ausnahme gemacht. Die Domschule zu Salzburg und die Klosterschule zu St. Peter hatten zu
Zeiten mehrere 100 Knaben.[1]) Wenn man bedenkt, dass die
nahen Klöster Kremsmünster, Gleink, Garsten, ihre eigenen
Schulen hatten, dass Steier, Enns,[2]) Linz, ihre Stadtschulen
besassen, dass das kleine unbedeutende Dorf St. Florian wenig
Unterkunft für externe Studenten bot, so wird die Zahl der
Lateinschüler kaum viel über 30 betragen haben. So viel wird
man aber auch annehmen dürfen, da die vielen Scolaren, welche
in dem Fragment eines Necrologiums unseres Hauses aus dem
Ende des 13. Jahrhunderts vorkommen, auf guten Besuch hin-
weisen. Den festen Kern derselben bildeten die 12 Chorknaben,
von denen es in einer Urkunde des 17. Jahrhunderts heisst, dass
so viele seit uralten Zeiten bei dem Stifte erhalten und unterrichtet worden seien.[3])

Da an der Schule St. Florian, wie wir oben gesehen haben,
2 Lehrer wirkten, so müssen 2 Classen bestanden haben, welche
wegen der langen Unterrichtszeit in mehrere Abtheilungen zerfielen. Wahrscheinlich hat man nach der Sitte der damaligen
Zeit auch die älteren Schüler und jüngeren Geistlichen zum
Unterricht verwendet.[4])

Die Unterrichtszeit in der Lateinschule dauerte 10 und.
mehrere Jahre. Der Eintritt in die Schule scheint um Ostern
stattgefunden zu haben. Die Zahl der Theologiestudirenden kann
nicht gross gewesen sein. Anno 1285 bestand die ganze Körperschaft, die Laienbrüder und Chorfrauen abgerechnet, aus
24 Priestern, 3 Diaconen und einigen jüngeren Clerikern. Es
wurden in Florian auch Jünglinge in's Noviziat aufgenommen,
welche ihre Bildung anderswo erhalten hatten. Doch war es
alte Gewohnheit, dass dieselben einige Zeit die hiesige Schule

---

[1]) Vierthaler l. c. 114. — [2]) In Enns kommt schon anno 1242 ein
Stadtschulmeister vor. Urk. Buch von Oberösterreich III. 116. — [3]) Die
Benedictinerabtei Holzkirchen in Franken hatte 52 Mönche und 18 Scolaren,
Kloster Hirsau sollte nach Anordnung des Abtes Heinrich (1300) nicht mehr
als 40 Mönche und 12 Scolaren halten. Sitz. Ber. d. k. k. Academie. XI.
31, 33. — [4]) Vierthaler l. c. 112. Dort wo der Scholasticus allein war,
versah er mittelst halbtäglichen Unterrichts mehrere Classen und Abtheilungen, wie unsere deutschen Schulmeister noch vor Kurzem gethan haben.

besuchen und sich über ihre Kenntnisse prüfen lassen mussten. Auch mussten sie die Empfehlung eines hohen Würdenträgers aufweisen, wie denn solche von Seite der Bischöfe von Salzburg und Passau noch vorhanden sind. [1]) Ueber die Zahl der Candidaten des Weltpriesterstandes lässt sich gar nichts Bestimmtes sagen, nur so viel ist gewiss, dass welche vorhanden waren.

Die Schule war in den österreichischen Klöstern gewöhnlich in einem eigenen Gebäude bei der Einfahrt zum Stifte, z. B. in Klosterneuburg, Herzogenburg und dem damals baierischen Ranshofen. Der Ort des Unterrichtes in St. Florian war das Refectorium. Die Reformacten von 1419 und 1451 betonen ausdrücklich diesen Uebelstand, und verlangen, dass für die externen Schüler eine heizbare Stube ausserhalb des Conventes hergerichtet werden solle; die Reformcommission am Ende des 15. Jahrhunderts fand aber noch kein eigenes Locale vor. In dem Refectorium war höchst wahrscheinlich die eine Classe nur am Vormittag, die andere Nachmittags beschäftigt, obgleich es häufig an bedeutend grösseren Schulen vorkam, dass mehrere Lehrer in derselben Stube und zu gleicher Zeit zahlreiche Schüler unterrichteten, z. B. an der St. Stephansschule zu Wien. [2])

Für den Unterricht wurde die Zeit benützt, welche die Chorherren auf die geistliche Lesung zu verwenden hatten, d. i. nach der Conventmesse, welcher auch die weltlichen Scolaren beiwohnen mussten und die um 9 Uhr zu Ende war, eine volle oder auch anderthalb Stunden; Nachmittag nach der Non [3]) wieder eine Stunde oder anderthalb Stunden bis zu den Vespern, die bald nach 3 Uhr waren und denen die Scolaren gleichfalls beiwohnen mussten. Ob auch eine Schulstunde auf den frühen Morgen festgesetzt war, ist ungewiss. Im Mittelalter liebte man wenigstens die Morgenstunde. Die fränkischen Pädagogen, welche dem Abt Joffridus nach England gefolgt waren, theilten die Gegenstände so unter sich, dass der Grammatiker mit dem ersten Morgen las über *Priscianus* und *Remigius*. Um 1 Uhr lehrte der Dialectiker die reiferen Jünglinge des *Aristoteles* Logik nach des *Porphirius* und *Averroes Commentaren*, um 3 Uhr

---

[1]) Siehe Beilage III. Nr. 7. — [2]) Hormayr Gesch. Wiens. Bd. V. Urkundenbuch 180. — [3]) Beiläufig 1 Uhr Nachmittag. — Siehe über die Schulzeit auch *Mabillon de stud. monasticis II. 160.*

hielt ein dritter Lehrer Vorträge über die Rhetorik *Cicero's* und *Quintilian's* Institutionen. [1]) An der Universität Wien war die erste Vorlesung um 6 Uhr früh, Sommer und Winter; vorher gingen die Schüler in die Frühmesse. [2])

Die Scolaren, welche mit den Conventualen zugleich Messe und Vesper sangen, erhielten vom Cantor, der ein Stiftsgeistlicher war, später vom Succentor, der auch oft dem weltlichen Stande angehörte, Unterricht im Gesange und Psalmodie. Den Unterricht bezüglich des Breviers, Ordensregeln und kirchlichen Ceremonien hatte der Novizenmeister den Clerikern zu ertheilen. Diese und die Oblatenschüler mussten mit den Priestern des Nachts zum Chore aufstehen und alle Horen mitbeten; doch wurden hierin auch Dispensen ertheilt.

Für Vergehungen wurden die Schüler mit Ruthen und Stockstreichen [3]) bestraft, mit Fasten und Arrest belegt. Das in den Klosterbibliotheken so häufig vorkommende Werk des *Boethius de scolarium disciplina* [4]) deutet darauf hin, dass man in der Schulzucht, so wie in der Behandlung der 7 freien Künste demselben massgebenden Einfluss einräumte. Derselbe spricht sich aber dafür aus, dass der *magister* der Strenge huldige. Auch Jünglinge vom höchsten Range wurden damals mit Schlägen gezüchtigt, wie der Annalist Saxo von dem jungen Otto II. erzählt. [5]) Die Eltern übergaben dem Kloster, in welchem sie ihre Kinder erziehen liessen, die volle elterliche Gewalt, so dass dasselbe die ausreissenden Scolaren und Cleriker einfangen und einkerkern konnte. [6])

Die Jugend genoss übrigens viele Erholung. Es gab sehr viele Festtage in der Kirche und viele Ferien, welche die Schulzeit oftmal unterbrachen. An der Wiener Universität hatte man die *vacationes paschales, caniculares, vindemiales* und *nativitatis domini*. Wie wenig man die jungen Leute anstrengen wollte, beweist die Florianer Reformurkunde von 1468 [7]), in welcher

---

[1]) Vierthaler l. c. 110. — [2]) Kink Gesch. der Wiener Universität. I. 87. — [3]) Handschriftliche Statuten aus dem 12. Jahrh. in St. Florian und Statuten von Ranshofen bei *Amort Vetus Disciplina p. 756.* — [4]) Auch unter den Florianer Handschriften ist ein Exemplar. — [5]) Bei *Pertz Mon. Germ. VIII. 631.* — [6]) Siehe Note im Codex 216 am Ende saec. XIII. in unserer Bibliothek. — [7]) Im Archiv St. Florian. Sie ist eigentlich aus dem Ende des XV. Jahrh.

verordnet wird, dass man für die jungen Cleriker einen weltlichen Schulmeister aufnehmen solle (nämlich einen besonderen,
nicht mit den weltlichen Schülern gemeinsamen), der ihnen,
wenn es nothwendig sein sollte, alle Werktage zum Wenigsten
eine Vorlesung mit den nothwendigen Uebungen halten solle.

Zur Zeit, als Probst Gerhoch von Reichersberg Scholasticus
an der Domschule in Augsburg war, wurden dort an Festtagen
Spiele und Spectakel von den Scolaren aufgeführt, bei welchen
die Canonici zusahen.[1]) In Wien ging noch 1460 zu Weihnachten ein Knabenbischof herum.[2]) Ein anderer Festtag der
Studenten war der Tag des heiligen Gregorius, des Schulpatrons
am 12. März. Als Spiele der studirenden Jugend werden uns
von den Geschichtschreibern St. Gallens im 10. Jahrhundert das
Brettspiel, Stockspiel, Wettlauf, Ringen, Steinschleudern genannt.[3])
Wie viel von allen diesem auch in Florian stattgefunden hat,
lässt sich nicht mit Sicherheit bestimmen.[4]) Nur das Gregorius-
fest ist höchst wahrscheinlich gefeiert worden, von dem wir
weitläufiger bei der Schule des 16. Jahrhunderts sprechen
werden.

§. 11. Schlussbetrachtung. Die Leistungen der Klosterschulen des Mittelalters im Allgemeinen.

Interessante Aufschlüsse über das Schulwesen der österreichischen Klöster im Mittelalter erhalten wir, wenn wir die
Lehrmittel St. Florians mit den gleichartigen Handschriften der
Wiener Hofbibliothek vergleichen. Das was uns zuerst auffällt,
wenn wir die vielen 1000 Codices, welche aus aufgelassenen
Klöstern in die Hofbibliothek gelangt sind, und durch ihre Zusammenstellung ihre Verwendung für Lehrzwecke verrathen,
nach ihrem Inhalt mit Florianer Handschriften zusammenstellen,
ist das Bestreben der Lehrer, Alles in der einfachsten, knappesten
und kindlich anschaulichsten Weise zu geben. Sehr viele Ab-

---

[1]) Stülz Gerhoch S. 3. — [2]) Hormayr Gesch. d. Stadt Wien. Bd. V.
Urk. Buch S. 188. — [3]) Arx Gesch. von St. Gallen. I. 259. — [4]) Schubinger Sängerschule von St. Gallen S. 65, 67 sagt, dass das Knabenfest am
Tage der unschuldigen Kinder an den Dom- und Klosterschulen gemein-
üblich gewesen sei. Die Knaben zogen unter Anführung des mit Mitra
und Stab bekleideten Knabenbischofs in die Kirche und hielten dort den
Chor, ganz wie die erwachsenen Geistlichen.

risse einer Disciplin gehen nicht über ein halb Dutzend Quart-
blätter hinaus. Die Eintheilung der Wissenschaften, die Rechenkunst, die Grundbegriffe der Musik werden an den Fingern und
Gliedern der Hand demonstrirt. Der canonische Process wird in
der Form einer Anklage Belials gegen Christus wegen Verdrän-
gung aus seinem Reiche dargestellt in der unzähligemal vor-
kommenden Abhandlung *Utrum de jure Christus spoliaverit
infernum*, auch *liber Belial* genannt. Die Pflichten und Sitten
der Menschen werden den Wissbegierigen unter der Form des
Schachspiels und seiner Figuren im *Tractat de ludo scacchorum*
des Jacobus von Cessolis vorgerückt. Das waren eben
Kunststücke, um die jugendlich sinnlichen Gemüther anzulocken.

Eine andere Eigenthümlichkeit, welche sich in den Schul-
schriften des Mittelalters und St. Florians spiegelt, ist das durch-
gehends christliche Gepräge derselben. Dass die weltlichen
Wissenschaften vor Allem zu Nutz und Frommen der Kirche
dienen müssen, wird strenge in's Auge gefasst. Die wenigen
astronomischen Kenntnisse werden zur Illustration des Kirchen-
jahres verwerthet; die Musik wird nur im Hinblicke auf den
Kirchengesang gelehrt; die Naturlehre wird, wo sie Gegenstand
des Unterrichts ist, unter beständiger Bezugnahme auf das Reich
Gottes, seine Lehren und Einrichtungen, Tugenden und ent-
gegenstehende Laster dargestellt; die Geschichte, besser Chronik-
schreiberei, verzeichnet fast nur die Schicksale der Kirche und
neben der Lectüre der Classiker wird die christliche Literatur
durchaus nicht vernachlässigt. Man liest und glossirt Biographien,
Briefe, Gedichte, Reden hervorragender Kirchenschriftsteller, wie
man solche der classischen Autoren las und glossirte. Noch
war das ganze Denk- und Anschauungsvermögen vom Geiste
des Christenthums durchdrungen.

Die Lehrgegenstände wurden vorzüglich von ihrer practischen Seite in's Auge gefasst. Man trieb eingestandenermassen
die 7 freien Künste und die Philosophie nicht um ihrer selbst
willen, sondern nur als Mittel, die heilige Schrift verstehen und
vertheidigen zu lernen. Die biblische und patristische Theologie
wurde nicht als Wissenschaft betrieben, sondern der practischen
Zwecke willen, um den Geist mit Lehren ewiger Weisheit zu
erfüllen, welche einst dem Volke mitgetheilt werden sollten; eben
so wenig die systematische Theologie, da man in den Klöstern

mit ganz kleinen Tractaten für den nothwendigsten Amtsbedarf sich begnügte. Man wollte hier nur für das Leben erziehen.

Eine besondere Erscheinung sind die vielen versificirten Lehrbücher. Da gab es Grammatiken in Versen und derlei Vocabularien, metrische Compendien für Orthographie, Versekunst, Briefstyl, Rhetorik, Dialectik, Musik, Astronomie bis auf den *Cisiojanus* (abgekürzter Kirchenkalender) herab. Naturgeschichte erschien in poetischer Fassung im Physiologus, Geschichte in in den Reimchroniken. Dieselbe Behandlung erfuhr auch die Theologie. So wird das Erlösungswerk im *speculum humanae salvationis* bildlich mit erklärenden Reimversen dargestellt; den Inhalt der einzelnen Bücher der heiligen Schrift lernt man in der metrischen *Biblia pauperum* oder der Aurora des Petrus von Riga;[1] die Summen des canonischen Rechtes, der practischen Seelsorge, der Abriss der Decretalen erscheint in Versen, ja sogar die Predigten werden in der Reimprosa niedergeschrieben. Es ist, als ob der Hauch der Poesie damals Alles und Alles durchdringen musste, um anziehend zu erscheinen und nicht durch seinen Ernst zurückzuschrecken. Der Florianer Chorherr Altmann in der 2. Hälfte des 13. Jahrhunderts klagt in der Vorrede zu seinen versificirten Decretalen laut über den Unfleiss des Clerus und sagt, er habe die Decretalen in diese Form gebracht, um das Studium derselben zu beleben. Damit mochte man immerhin noch den Zweck verbinden, durch die gebundene Form den Gegenstand tiefer und genauer dem Gedächtnisse einzuprägen. Eine alte Erfahrung sprach dafür. Hatte man sich ja in Rom schon im 4. Jahrhundert der *versus memoriales* bedient, um wichtige Lehren sich dauernd anzueignen.[2] Diese poetischen Schulbücher waren theils der alleinige Leitfaden beim Unterricht, wie z. B. die Grammatik des *Alexander de villa Dei*, theils gingen sie den Tractaten in Prosa zur Seite. Die meisten der obenerwähnten versificirten Schriften finden sich auch in St. Florian von der *summula de orthographia* bis zum Kirchenkalender und der *summa de poenitentia*. Es wurde also

---

[1] Gestorben 1209 als Canonicus von Rheims. — [2] Die christliche Dichterin Proba stellte ein Gedicht aus halben und ganzen Versen Virgils zusammen, welches die Geschichte des alten und neuen Testaments behandelte. Bonner Lit. Bl. 1871, Nr. 18, S. 578.

auch hier die nämliche spielende Methode wenigstens zeitweise angewendet.

Fragen wir nun, welches war das Mass der Kenntnisse, das man im Mittelalter in dèn Klosterschulen erreichte, so muss man sich vor Allem hüten, einen Vergleich mit der Jetztzeit anstellen zu wollen. Es wäre ein Vergleich zwischen Tag und Nacht, wollte man dabei den Umfang und die Tiefe der Kenntnisse berücksichtigen. Es wäre auch die grösste Ungerechtigkeit von jenen Zeiten zu verlangen, was das Ergebniss dreihundertjähriger Anstrengung und Erfahrung ist.

Die unersättliche Wissbegierde, die Lust an geistiger Erzeugung ist erst das Merkmal einer vorgeschrittenen Culturepoche; eine junge Cultur pflegt nicht einen forschenden Blick auf die Vergangenheit zu werfen, sie hängt noch mit allen Sinnen am äusseren Leben, zumal in dem sang- und klangreichen Oesterreich von damals. Es fehlten die Mittel zu einem raschen brieflichen und persönlichen Verkehr und der Vortheil, den solche Institute wie das heutige Zeitungswesen bringen, wodurch jede Verbesserung des Tages signalisirt und zum Gemeingut von Tausenden gemacht wird. An eine durchgreifende Textverbesserung der classischen Werke war nicht zu denken vor Erfindung der Buchdruckerkunst. Wo waren die Handschriften, welche als Einheit oder Anhalt hätten dienen können? Bei der mühsamen Art der Vervielfältigung der Manuscripte, bei der Zerstreutheit derselben, bei den schlechten und unsicheren Communikationen und daraus entspringender Besorgniss vor Verlusten beim Ausleihen, fehlten die zur Vergleichung und Erkenntniss der Entwicklung nothwendigen literarischen Producte. Es war an eine umfassende Kenntniss des Alterthums, der Geschichte und Erdkunde, Kunst und Literatur-Geschichte nicht zu denken. Dazu kam noch die Unkenntniss der gelehrten Grundsprachen des Hebräischen, Arabischen, Griechischen, welche für den erfolgreichen Anbau der Theologie und Philosophie ein schweres Hinderniss blieb.

Ein Grund, warum die Klöster später selten aus ihrer Mitte taugliche Lehrer hervorbrachten und ihren Zöglingen die Wissenschaft in so knapper Form gereicht wurde, lag in der stets anwachsenden Länge des Officiums und in der Zahl zeitraubender kirchlicher Uebungen. Der gelehrte Benedictiner von Mölk

Johann von Speier[1]) und Johann Slitpacher, Prior daselbst,[2]) klagen über die Länge des Officiums, welches die
Mönche an emsigeren Studien hindere.[3]) In Florian wurden
zur Zeit der Reform von 1451 einige Erleichterungen in den
Gebetsübungen zugestanden, um „das Studium der heiligen Schrift
dadurch zu befördern." Die vielen Andachtsübungen zerstückel-
ten die ganze Tageszeit. Das Chorgebet auf die verschiedenen
Tag- und Nachtzeiten vertheilt, der cursus Marianus, die Stufen-
und Busspsalmen, täglich zweimal bei der Messe mitsingen,
etlichemal in der Woche Privatmessen lesen, die Tischlesung
unter den Priestern und Clerikern abwechselnd, die Collation vor
dem Schlafengehen, täglich das Capitel und die geistliche Privat-
lesung, dazu so viele Feiertage mit vermehrten Ceremonien, das
Alles musste den Geistlichen Spannkraft und Lust zur Vorbereitung auf das Lehramt oder zur schöpferischen Thätigkeit
darin verkümmern, wenn sie es wirklich bis zum Scholasticus
gebracht hatten.

Gleichwohl muss man gestehen, dass das Durchschnitts-
mass[4]) von Bildung, welches man in den Klosterschulen empfing,
ein sehr geringes war und ein geringeres, als die Umstände
eigentlich bedingten. Zeugniss sind der dürftige Character der
vorhandenen Lehrbücher, so wie die Ermahnungen und Klagen
der eigenen Vorgesetzten. Umsonst hatten sich das 3. und 4.
lateranensische Concil, dann das Concil von Vienne, die Päpste
Innocenz III., Honorius IV., Gregor IX., Clemens V.
immer von Neuem bemüht, die Stifts- und Klosterschulen zu
heben und zu verbessern. Besonders seit der Aufnahme der
Bettelorden hatte der wissenschaftliche Eifer in den alten Stiften
abgenommen.[5]) Abt Tritenheim sagt vom Ausgange des
13. Jahrhunderts, dass damals ein frommer oder ein gelehrter
Benedictiner eine Seltenheit war.[6]) Es war so weit gekommen,
dass in Klöstern wie Murbach und St. Gallen der Abt und
viele Brüder nicht einmal ihre Namen mehr schreiben konn-

---

[1]) Gestorben 1456. — [2]) Anno 1465. — [3]) *Pez Biblioth. ascet. IV.
176.* — *Kropf bibliotheca Mellicensis 386.* — [4]) Es hat immer einzelne
Menschen gegeben, welche mit sehr geringen Hilfsmitteln ausserordentliches
leisteten. — [5]) *Gerbert Hist. nig. sil. II. 89.* — [6]) l. c. II. 90.

ten.[1]) Derselbe Zustand dauerte auch im 14. und 15. Jahrhundert fort;[2]) Reichthum, Bequemlichkeit, Berufslosigkeit hatten die Klöster und ihre Bewohner verdorben. Dass es aber unter den vielen Tausenden von Mönchen in Deutschland manche ehrenwerthe Ausnahmen gab, ist selbstverständlich.

Die österreichischen Klöster wurden aus den gleichen Ursachen in's Verderben hineingezogen, nur kam es später über sie, wie wir denn oben noch am Ende des 13. Jahrhunderts eine blühende Schule in St. Florian nachgewiesen haben. Sie waren ja auch im Allgemeinen später gegründet und zu Wohlstand gelangt, als die Klöster gleichen Ordens in Süddeutschland. Emsig war man in der Herstellung guter und sorgfältig geschriebener Lehrbücher im XI. und XII. Jahrhundert. Das Eindringen des Adels in die Klöster im 13. und den folgenden Jahrhunderten, die vielen Wirren und Bedrängnisse des Landes nach dem Aussterben der Babenberger, führten auch in Oesterreich ein Sinken des Studiums und des Unterrichts herbei, welches sich in der Seltenheit gut geschriebener und gut corrigirter *Codices* fühlbar macht. Die Reformcommissionen und Synoden decken die schwersten Abweichungen von der Klosterzucht im 13. und 14. Jahrhundert auf. Um sich nicht mehr mit Studiren und Lehren plagen zu müssen, errichtete man Lehrerpfründen und besetzte sie mit Laien, wie man zur Persolvirung von lästigen Stiftmessen Weltgeistliche anstellte und solche für die Führung canonischer Processe als Sachwalter des Hauses besoldete. Besser wurde es im 15. Jahrhundert allerdings, wo durch die Rückkehr zur grösseren Einfachheit und Zucht den Schulen neues Leben eingehaucht wurde, wie z. B. in Mölk, St. Florian, unter dessen Capitularen ein Mitglied der Klosterreform-Commission lebte, dessen Schule von Schülern aus allen Gegenden besucht

[1]) *Neugart Cod. diplom. Alemanniae II. 334, 348.* Arx Gesch. von St. Gallen I. 470. Wakernagel Gesch. der deutschen Lit. sagt sämmtliche Brüder in St. Gallen und Murbach, und beruft sich auf Neugardt l. c. Aber die St. Galler Urkunde von 1297 besagt allein, dass von fünf unterfertigten Capitularen nur einer schreiben konnte; in der Murbacher Urkunde von 1291 hat von den vier unterfertigten Capitularen gar keiner schreiben können. Aber diese wenigen Unterfertigten haben nicht das ganze Capitel der ungemein grossen Abteien ausgemacht. — [2]) *Gerbert Hist. nig. sil. II. 173, 178, 289.*

war und der Stadtschule in Enns gleichgehalten wurde, obgleich auch jetzt noch der Unterricht sehr häufig Fremden überlassen wurde und Weltgeistliche als Procuratoren Stifts-Angelegenheiten vertraten.

Der oben genannte Mölker Gelehrte Johann von Speier beklagt sich über die Rohheit, Unwissenheit, Trägheit der Prälaten seiner Zeit und sagt, dass die geringer begabten Mönche zu seiner Zeit die täglichen Festgesänge sangen, ohne sie zu verstehen,[1] dass es wenige Mönche gab, welche im Stande gewesen wären, einen Codex abzuschreiben oder einen geschriebenen zu corrigiren;[2] daher komme der grosse Büchermangel in den Klöstern der Benedictiner. Und doch war Mölk eines der ersten und angesehensten Klöster im Lande! Das wäre nicht möglich gewesen, wenn nicht in früheren Zeiten der Klosterunterricht lässig und oberflächlich betrieben worden wäre. Heut zu Tage könnte man so etwas nicht einmal von den Novizen des obscursten deutschen Klosters mehr sagen.

Da es keinen Schulzwang gab, konnten die Klosterschulen nur auf die kleinsten Kreise wirken und die Zahl derjenigen, denen die elementarsten Kenntnisse abgingen, musste nothwendig gross sein. Der Fall, dass die Novizen beim Austritt aus dem Noviziat, also in einem Alter von wenigstens 15 Jahren, nicht lesen und schreiben konnten, muss öfter vorgekommen sein, weil die Statuten des 13. Jahrhunderts in Florian vorschreiben, dass derjenige, welcher die feierliche Profess ablegt, den Professzettel entweder selbst schreibe oder ein Anderer für ihn, wenn er des Schreibens unkundig ist.[3] Dieselbe Bestimmung wiederholt sich in der Reformurkunde von 1468. Als Vorbedingung bei der Aufnahme der Novizen sollte man sie fragen, ob sie lesen und singen könnten.[4] Eben so bescheiden war auch das Mass der Kenntnisse, welche man bei einem absolvirten Theologen damaliger Zeit voraussetzte oder vielmehr nicht voraussetzte. Anno 1382 ergeht von Rom aus der Auftrag an den Bischof von Chiemsee, den Stephan Zainkgraben, Chorherrn von St. Florian, zu prüfen, ob er gut lesen, singen und lateinisch sprechen könne

---

[1] *Kropf Bibliotheca Mellicensis* 275. — *Pez Biblioth. ascet. IV. 176.*
— [2] Pez l. c. IV. 220, 222, 223. — [3] *Codex manusc. 250* der Bibliothek St. Florian fol. 54 b. — [4] Reformurkunde von 1468 im Archiv St. Florian.

und ihn dann, so ferne er bei der Prüfung bestehe, als Probst einzusetzen.[1] Im Auftrag des Papstes Alexander V. soll der Dechant von Passau 1409 den Johann Gustenberger, Priester der Passauer Diöcese und designirten Pfarrer von Ried,[2] examiniren, ob er gut lesen, construiren, singen, lateinisch sprechen könne und ihn hierauf installiren.[3] Von der Einfalt und kindlichen Beschränktheit dieser alten Zeiten bekommt man einen Begriff, wenn man in der Lebensschilderung der Klausnerin Wilburgis liest, dass der Verfasser derselben und gewandte Lateinschreiber Decan Einwik von St. Florian in der Einleitung ernstlich behauptet, das alte Lorch hätte mit Rom in Grösse und Pracht gewetteifert; es sei bekehrt worden durch den heiligen Petrus und ein Erzbisthum geworden, unter welchem 22 Bisthümer standen. Kaiser Philippus habe es reich mit Schenkungen bedacht und sein Bruder Quirinus soll Bischof daselbst gewesen sein.

Wenn aber auch Lehrer, Schüler, Methode und Lehrmittel der Klosterschulen vieles zu wünschen übrig liessen, so muss man sich doch hüten, die Leistungen derselben zu verachten. Wenn auch diese Schulen in kleinen Kreisen wirkten, so fiel, da die Zahl der Klöster und Städte in Oberösterreich sehr gering war, der Unterricht der Wenigen um so mehr in's Gewicht. Sie unterhielten das Feuer der Wissenschaft und Bildung in den Besseren und Strebsameren und bewirkten, dass der Sinn für Bücher und Literatur nie vollkommen in den Klöstern erlosch. Ein Beweis dafür sind die Arbeiten und Schriften einzelner Florianer, so wie die Handschriften, welche bis auf unsere Zeit gelangt sind. Zugleich mit den Schätzen von Gold und Silber wurden sie bei herannahender Feindesgefahr in der Feste Spielberg auf einer nahen Donauinsel geborgen und einmal wegen eines einzigen Decretalenwerkes ein langwieriger Prozess geführt.[4]

Wenn auch der Unterricht nicht tief ging, so lernte man auch mit diesen geringen Mitteln fertig lateinisch sprechen und schreiben. Zeugniss davon geben die in Florian ausgefertigten

---

[1] Stülz Geschichte von St. Florian 51. — [2] Florianerpfarre im unteren Mühlviertel. — [3] Florianer Archiv 1409 14/12. — [4] Brief 105 im *Codex epistolaris* Johann und Kaspars in der Bibliothek.

Urkunden und Briefe.[1]) Einzelne brachten es aber auch zur
Fertigkeit in gebundener lateinischer Rede, wie die Arbeiten der
beiden Altmann im 12. und 13. Jahrhundert beweisen. Es
wurde so der Gebrauch einer Sprache verbreitet, welche für das
weitere Fortkommen in Kirche und Staat unentbehrlich war; es
wurde die Klosterschule zur Vorbereitungsanstalt für die Universität, wie denn nachweislich viele Studirende von St. Florian
an die Wiener Hochschule gezogen sind, wo sie sich weiter in
den 7 freien Künsten ausbildeten. Auf jeden Fall waren die
grösseren Klosterschulen zu ihrer Zeit nicht schlechter, als die
weltlichen Lateinschulen in den Städten, indem man sonst nicht
Lehrer und Schüler aus den Städten Wels, Steier, Enns nach
Florian gesendet hätte. Ein Historiker im akatholischen Lager,
der das ganze auf mittelalterliches Schulwesen bezügliche Material
beherrscht, steht nicht an als Schlussurtheil über dasselbe zu
bekennen, „dass edle Kräfte gewirkt, Grosses unternommen und
dauerndes aufgebaut worden ist." [2]) Wenn man die Schwierig-
keiten in's Auge fasst, welche der Cultur-Entwicklung im Wege
standen, der Mangel an Büchern, der Mangel an Verkehr, der
Mangel an Geldmitteln, wenn man die Anforderungen betrachtet,
welche die Kirche mit ihren Uebungen an Schüler und Lehrer
stellte, indem sie die religiöse Erziehung zur Hauptsache, die
theologische Bildung zur Krone literarischer Anstrengungen machte,
so wird man im Allgemeinen weder das Klosterschulwesen, noch
die Männer, die sich daran betheiligten, noch die Resultate, die
sie erzielte, kurzweg verdammen können.

---

[1]) Briefsammlung der Pröbste Johann und Kaspar aus der 2. Hälfte
des 15. Jahrh. — Walafrid Strabo erzählt, dass die Schüler auf Reichenau,
die Erholungszeit ausgenommen, immer lateinisch mit einander reden mussten. Gymnasialprogramm von Einsiedeln 1857. p. 7. Eben so war es noch
1446 an der St. Stephansschule in Wien. Hormayr Gesch. Wiens Band 5,
Urk. Buch p. 176. — [2]) Schmid Encyklopädie des gesammten Erziehungs-
und Unterrichtswesens Gotha 1864. IV. p. 825.

Zweiter Zeitraum.

Die Klosterschule

bis zur Verwandlung der Lateinschule in eine blosse Vorbereitungsschule unter Probst Leopold I. anno 1619 — 1625.

---

§. 12. Aeussere Schicksale.

Es kam der Reformationssturm und die Türkennoth. Die Güter und Einkünfte des Stiftes wurden vielfach geschädigt und mit schweren Lasten belegt, aber die Klosterschule scheint sich durch das ganze Jahrhundert erhalten zu haben, oder die Unterbrechung von sehr kurzer Dauer gewesen zu sein.

Anfangs des 16. Jahrhunderts wurde die Schule gewiss noch von anderen als den Chorknaben besucht. Die beiden Prälaten Florian Muth und Sigismund Pfaffenhofer waren die Söhne wohlhabender Bauern von St. Florian, und haben ohne Zweifel ihre Bildung an der Klosterschule empfangen. Der eine war 1491, der andere um Beginn des 16. Jahrhunderts geboren. Aber bald mussten die Verhältnisse sich hierin ändern. Im Markt und Umgebung gab es Wiedertäufer und Lutheraner.[1] Um 1533 werden die Klosterschulen in Oesterreich schon als sehr herabgekommen[2] von der Regierung bezeichnet; 1534 war es in Florian nicht mehr geheuer, im Ordenshabit auszugehen.[3] Nach 1545 zeigen sich bereits Anhänger Luther's unter den Capitularen und diese günstige Stim-

---

[1] Befehl des Kaiser Ferdinand I. an Probst Peter einen Wiedertäufer wohlverwahrt nach Linz zu schicken. Florianer Archiv 1529⁸/₆. — [2] Kink Gesch. d. Univ. Wien. Bd. II S. 382. — [3] Licenz des päpstl. Legaten Peter Paul Vergerius sich beim Ausgehen einer weltl. Kleidung bedienen zu dürfen. Flor. Arch. 1534¹²/₉.

mung für religiöse Neuerung pflanzt sich durch das ganze Jahrhundert fort. [1]) Es lässt sich leicht daraus abnehmen, in welchem Geiste die Schule werde geleitet worden sein. 1561 wird darum der Probst von St. Florian von den kaiserlichen und bischöflichen Klosterreformations-Commissären erinnert, nicht zu gestatten, dass man sich bei seinen Conventschulen sectischer Bücher bediene. Der protestantische Schulmeister im Markte wurde erst 1600 von Probst Vitus durch einen guten katholischen ersetzt. [2])

Unter diesen Verhältnissen musste die Frequenz leiden. Die allgemeine Abneigung gegen die Klöster besonders von Seite des protestantischen Adels und Bürgerthums, das Auftauchen der sehr tüchtigen lutherischen Gelehrtenschulen zu Steier und Linz, die Errichtung des Gymnasiums in Kremsmünster 1549 mussten die Zahl der Schüler nothwendig vermindern. Waren ja in Folge der Zeitströmung nach dem eigenen Geständnisse der Prälaten Ober- und Niederösterreichs um 1567 fast alle österreichischen Klöster ohne Schulen. [3]) Es war die Besorgniss vor einer solchen Verödung der Klosterschule und dem damit zusammenhängenden Aussterben des Convents, welche den Commissären der Klosterreformation 1564 den Auftrag an Probst Sigismund eingab, „er soll jungen, frommen, gutherzigen Leuten emsigklich nachtrachten, dieselben in seiner Schuell oder anderswo, doch bei einem katholischen fleissigen Schulmeister auferziehen, sie auch gebührlich unterhalten und zu aller Gottesfurcht, Klosterzucht und Geistlichkeit unterweisen lassen, und durch allerlei ziemliche Weg und Mittel zur Aufnemung seines Ordens und Regel bereden." [4]) Um den katholischen Geist zu verbessern, hatte Kaiser Ferdinand I. angeordnet, dass die Prälaten Oberösterreichs 12 Stipendiaten auf ihre Kosten zum Studium der Theologie nach Wien senden sollten; überdiess war ihnen zur Erhaltung der den Jesuiten übergebenen Universität

---

[1]) Das Ordinariat Passau will 1598 nach dem Tode des Probstes Georg keine freie Wahl gestatten, weil alle Conventualen gegen die Statuten gelebt. Archiv St. Florian 1598. — [2]) Handschriftl. Aufzeichnungen des Pfarrers Pscharr in der Bibliothek. Erst seit dem 16. Jahrh. finden sich Spuren einer besonderen Marktschule. — [3]) Stülz Geschichte von Wilhering. S. 162. — [4]) Archiv St. Florian 1561 $^{24}/_{12}$.

eine Contribution auferlegt, welche sie 1562 wegen ihrer „so statlichen und grossen Particularschulen" abzulehnen suchten. [1]) Allein gar so stattlich und gross haben wir uns diese Schulen nicht zu denken. In Ober-, Nieder-, Innerösterreich und Salzburg waren die Klosterschulen verödet. [2]) Es werden dort, wo noch Schulen bestanden, ausser den zum Kirchendienste nothwendigen Sängerknaben oder „armen Knaben," wie sie in den Eingaben der Prälaten heissen, bei dem Hass gegen die· Klöster und der Indolenz ihrer Bewohner sehr wenige andere Zöglinge gewesen sein. Die Zahl der Sängerknaben in den grösseren Stiften war 10—15. [3])

Mit Probst V i t u s (1600—1612) trat ein Umschwung ein. Es war ihm darum zu thun, den der religiösen Neuerung geneigten Geist durch einen kräftigen katholischen zu ersetzen. Er berief demnach aus dem damaligen katholischen Musterstaat Baiern einen Chorherren von Kloster Rohr, der von 1602—1605 mit Erlaubniss seines Probstes in Florian verweilte, und sich Zucht und Unterricht der jungen Cleriker angelegen sein liess. [4]) Der Probst V i t u s war zugleich bestrebt, seine Cleriker auf die Lehranstalten der Jesuiten zu Wien, Graz, Passau und Böhmisch-Krumau zu senden, wo sie den gediegensten Unterricht, den man damals haben konnte, erhalten sollten. Nebenbei existirte aber immer noch die Conventschule, die sich auch auf die Theologie erstreckte, fort, und studirten manche Cleriker im Stifte. [5])

Unter seinem Nachfolger L e o p o l d I. (1612—1646) wurde der Einfluss der aufblühenden Jesuitenschulen auf die Klosterschule St. Florian und so viele andere ähnliche Anstalten noch entscheidender. Seit 1608 hatten nämlich die Jesuiten eine

---

[1]) Florianer Archiv 1562. — [2]) Generalordnung Max II. für Ober- und Niederösterreich de 1567 bei Hammer Leben Khlesls I. 32. — Hurter Ferdinand II. 2. Bd. S. 311 bezüglich Innerösterreichs um 1564. — Kaltenbäck Austria 1848, S. 14, bezüglich Salzburgs. — [3]) Nach einer Urkunde von 1679 im Florianer Archiv (Codex 51, Fol. 84) erhielt Florian schon seit alten Zeiten 12 Knaben. Eben so viele hatte Garsten 1708. St. Peter in Salzburg hatte 1575, 10, Kremsmünster 1592, 16. — [4]) Florianer Archiv 1602 ²⁰/₁₀. — [5]) In den Kammereirechnungen von 1608 erscheint der Schulmeister mit einem Gehalte von 52 Gulden; auch werden dort Geldgeschenke zum Ostermarkt für die Priester und Jungherren in dem Convent aufgeführt.

Lateinschule zu Linz, seit 1632 zu Steyr errichtet. Es erschien
für die Erzielung eines kräftigen Nachwuchses viel zweckmässiger,
die Sängerknaben und Stipendiaten einige Jahre im Stifte in
lateinischer Grammatik unterrichten zu lassen, und sie zur höheren
Ausbildung an die nahen Jesuiten-Gymnasien zu schicken, wo
sie in den Convicten der Jesuiten oder bei Privaten untergebracht
wurden und nach Vollendung ihrer Studien häufig in das Stift
eintraten. Der Elementarunterricht im Latein wurde bald von
einem Geistlichen, bald von einem Cleriker gegeben.

So kam es, dass die Klosterschule in eine Vorbereitungs-
Anstalt sich verwandelte. Der letzte in den Kammereirechnungen
unter den Stiftsofficialen aufgeführte Schulmeister ist Christof
Mader anno 1617. Zwischen 1618—1625 muss die Schule
erloschen sein. Dagegen studiren schon vor dem Jahre 1618
Knaben auf Stiftskosten in Linz und Krumau. [1] Das Studium
der Theologie wurde theils zu Hause betrieben, [2] theils sandte
Leopold seine Cleriker nach Graz, Wien, Krumau, Passau,
Ingolstadt. [3]

Den Todesstoss haben die Klosterschulen durch die Refor-
mation Luther's empfangen. Bürger und Adelige, die früher
ihre Kinder den Klöstern zur Erziehung übergeben hatten, zogen
dieselben daraus zurück und gründeten in Oberösterreich vor-
treffliche, zahlreich besuchte Schulen für gelehrte Bildung. Als
die protestantischen Schulmeister 1624 das Land verlassen mussten,
traten die Jesuiten in ihre Erbschaft und in den Besitz des
Vertrauens ein, das ihre Vorgänger besessen hatten. Nur wenige
Klöster in Oesterreich, die ihre Anstalten zu förmlichen Gymnasien
erweiterten, konnten von nun an den Wettkampf mit ihnen eingehen.

Auch in diesem Jahrhundert hatte die Schule 2 Lehrer,
einen Schulmeister und seinen Gesellen, [4] „der den Knaben in
der Schule mit Lesen und der Disciplin vorstehen sollte," und

---

[1] Kostgeld jährlich 40 oder 60 Gulden für die Person. — [2] In den
alten Kammereirechnungen werden die Auslagen für die an fremden Anstalten befindlichen Cleriker aufgeführt. Da neben diesen auch noch andere *juniores* vorkommen, müssen diese zu Hause studirt haben. — [3] Kostgeld in Ingolstadt 1617 jährlich für den Einzelnen 100 fl. — [4] Florianer
Archiv 1558⁶/₈ und 1574⁸⁰/₁.

zugleich Cantor oder Lehrer der Musik war. Anno 1572 und später kommt ein Schulmeister für die Knaben neben dem Jungherrenschulmeister vor, der auch Conventschulmeister heisst. Knabenschulmeister war 1573 „der Maygister Samuel Kholb," der zugleich Schulmeister im Markt St. Florian und Wirth war.[1]) Er war ohne Zweifel Protestant; denn er wirkte an der Klosterschule gerade zu der Zeit, wo das Stift 2 Studiosen, darunter den eigenen Vetter des Probstes Sigismund, an der Universität Wittenberg studiren liess, wovon der eine, Christoff Molln, als „der jungen Herrn im Convent Schulmeister" unter Probst Georg 1576 vorkommt. Es war dieselbe Zeit, wo Simon Kolb, Dechant von St. Florian und grosser Schulfreund, lebte, der 1583 das Stift verliess und zu Efferding heiratete.[2])

Diese Schullehrer waren ein wahres Wandervolk aus den verschiedensten Gegenden aus Tirol, Baiern, Sachsen, Niederösterreich, verheiratet und unverheiratet und wechselten häufig ihre Plätze. Der Dechant von Linz empfiehlt dem Stift St. Florian einen gewissen Wolfgang Puppius, der in Baiern geboren, anfangs bei den Jesuiten in Innsbruck, später 5 Jahre auf der Universität Dillingen studirt hat. „Wegen der Hauffen umbschwaiffender Schwirmer" finde er nicht die leichte Anstellung, die er sich in Oesterreich verhofft. Er war früher 2 Jahre *praeceptor nobilium* in Brixen.

Ihr Gehalt war sehr mässig. Johann Krenner, der Jungherrenschulmeister, hat 1573 16 fl. Jahrgehalt;[3]) der Knabenschulmeister Georg Braumiller 1577 34 fl.; der Koch kam nahe an den Jungherrenschulmeister mit 14 fl. 2 Schilling. 1596 bezahlt der Prälat seinem Schulrector Georgius Aurifaber 50 fl. Ihro Gnaden Reitknecht bekam 24 fl. Der letzte Schulmeister Christof Mader 1617 hat jährlich 57 fl. 4 Schilling. Natürlich kommt noch bei Allen die ganze Verpflegung und mancherlei Geschenke hinzu, welche der Prälat zu Weihnachten und zum Linzermarkt an alle Hausofficiere und Diener zu vertheilen pflegte.

---

[1]) Kammereirechnung von 1573 im Archiv. — [2]) Handschriftl. Aufzeichnungen des Pfarrers Pscharr. Prälaten-Exemplar. — [3]) Der Schulmeister am Gymnasium zu Kremsmünster hatte 1571 40 fl., der Cantor 7 fl., der Succentor oder Collaborator 6 fl. Fellöcker Sternwarte von Kremsmünster 173.

Der Cantor hatte neben dem Schulunterricht die Unterweisung der Chorknaben in Gesang und Musik, worin er vom Organisten unterstützt wurde. Die Zöglinge zerfielen in Astanten, auch Discantisten genannt, und „Singer auf der Schuel". Die Discantisten oder Astanten waren die bereits eingeübten älteren Knaben; sie wurden hin und wieder auch zum Unterricht jüngerer Schüler verwendet, obgleich sie selbst noch die Schule besuchten. Ausser dem Unterhalt bekamen sie „Presents" an den hohen Festtagen und Jahrtägen und gleichwie alle Hausoffiziere das in jenen Zeiten so oft vorkommende „Padtgeld".

Die Einrichtung dauerte auch noch im 17. Jahrhundert fort. Die Kammereirechnung von 1627 enthält noch die Posten: Den Singern auf der Schuel wegen der Recordation auf Ihro Gnaden Befehl 16 fl., den Singern auf der Schuel wegen aller Heiligen Tag und das Fest Leopoldi Presents geben 3 fl. 2 Sch. Denen Discantisten auch geben 4 Sch. Die Zahl der Letzteren war 2—4. Die Cantorei in Florian muss nicht übel bestellt gewesen sein. Im Jahre 1573 verlangt Magister Joan Haibeccius *scholae civilis moderator* in Enns bittlich vom Probste Georg „die Sterkung seiner Cantorei" durch die Florianische wegen der Hochzeit des Herrn von Prag. Ebenso erbittet sich 1575 freundnachbarlich Wilhelm von Volkenstorf drei aus der Cantorei wegen fröhlichen Fasching.

Mit den Astanten zogen die Cantoren von Enns, Florian, Garsten, Kremsmünster, Lambach zu Neujahr auf den Klöstern herum, um das Neujahr anzusingen; man nannte das Recordiren;[1] das Herumziehen und Singen religiöser Lieder am heiligen Dreikönigtag hiess das Sternsingen. Beides scheint eine im ganzen Lande verbreitete Sitte gewesen zu sein. So zogen 1587 die Schulkinder von Vöklabruck unter Anführung des Schulmeisters

---

[1] 1577 hat der Probst den Astanten auf der Schuel geben wegen ihrer Recordation 3 Gulden. Alte Kammereirechnung. 1614 11. Jänner den Astanten von Seitenstetten 2 Gulden 4 Schill. Den 12. Jänner den Astanten von Lambach 2 Gulden 5 Schill. 6 Pfen. 16. Jänner den Astanten von Kremsmünster 2 Gulden 6 Schill. 12 Pf. l. c. In den Kammereirechnungen von Kremsmünster findet sich Folgendes: Den 29. December 1587 der Cantorei von St. Florian, so Ir Gnad angesungen, auf Ir Gnad Befehl 2 Gulden. Hagn Kremsmünster S. 121.

mit dem Stern und Singen auf der Gasse am heil. Dreikönigtag
herum. Auch das Recordiren kam dort mit Gesang zu Weihnachten und Martini vor.[1]

Ausserdem verdienten Schullehrer, Cantoren und Astanten
Geld durch die Aufführung von Comödien. Noch befindet sich
im Archiv zu St. Florian eine im zierlichen Latein verfasste
Einladung des Cantor's von Enns, Christopherus N u d n i g, um
1580, gerichtet an den Dechant von St. Florian, Simon K o l b,
worin er ihm kurz das Argument einer Faschingscomödie aus-
einandersetzt und damit einen Einblick in den damaligen Geschmack gestattet. Ein Graf heirathet die Tochter eines Hirten.
Diese wird als Muster keuscher ehelicher Liebe, vollendeter Ge-
duld und Unterwürfigkeit dargestellt. Er habe, sagt der Schulmeister, bei seiner Dichtung theilweise auch die deutsche Sprache
verwendet, in der Meinung, dass das Stück so mehr gefallen
und von dem weiblichen Geschlechte, für welches dasselbe vorzüglich berechnet sei, besser verstanden werden möchte. Da er
die Liebe des Dechants zur Schuljugend kenne, so biete er und
seine kleinen Schauspieler sich an, das Stück, wo und wann es
dem Dechant beliebe, aufzuführen. Der Inhalt der Schauspiele
war auch rein geistlicher Natur. So heisst es in einer Kammerei-
Rechnung Kremsmünsters von 1604: Dem Schneider, so zu
Ostern zum Spiele dem Cantori ain weiss Klaid gemacht, darin
er die Person Salvatoris agirt.[2]

Unbestimmt ist, ob die Klosterschüler auch das Gregorius-
fest mit ihren jüngeren Genossen in der Marktschule feierten.
Spuren desselben lassen sich in Florian bis in den Anfang des
14. Jahrhunderts verfolgen.[3] In den Rechnungen des 17. Jahrhunderts wird dasselbe als ein altherkömmlicher Brauch behandelt.
In Florian feierte man es am 12. März, dem Tage Papst G r e g o r

---

[1] Stadtarchiv von Vöcklabruck abschriftlich in St. Florian. S. 245,
258. — [2] Hagn Kremsmünster S. 121. Siehe auch Vierthaler Geschichte
d. Schulwesens S. 115. — [3] Probst Heinrich II. macht 1321 eine Stiftung,
dass in Festo s. Gregorii alle Jahre 40 Pfen. unter die Brüder vertheilt
werden sollen. Urk. Buch von Oberösterreich V. Bd. 305. — Pfarrer Ludwig
de Cesaris von Linz, einst Zögling der Schule St. Florian, will noch bei
Lebzeiten (1311) am Tage nach St. Gregorius in das Todtenbuch von Florian
eingetragen werden. Siehe oben §. 3.

des Grossen, des Schulpatrones. Die Kinder gingen in's Sammeln von Geld und Victualien herum und kamen auch von fremden Schulen. So heisst es in der Kammereirechnung von 1603: „Den Schuellern zu Linz wegen schuellerfachung gebon 4 Schilling; 1617, 13. März „den Schuelern (von St. Florian) wegen Festum Gregorii 5 Schilling 10 Pfen. Das Fest heisst in den Rechnungen auch das Fest, „wo man die Schueler fahen geht," weil die den Schulbesuch beginnenden Knaben solemniter in die Schule geholt wurden. Von dem Ertrag der Sammlung wurde ein fröhliches Mahl gehalten. 1690 kommt der Posten in Florian unter dem 13. März noch vor: „Wegen des Gregorifestes den. hiesigen Schulkindern 1 fl. 4 Schilling." Das Fest war in Oberösterreich weit verbreitet und dauerte tief in das 18. Jahrhundert hinein. 1589 wird dem Schulmeister von Vöcklabruck vom Rath scharf verwiesen, dass sich die Kinder am letzten Montag (die Urkunde ist vom 17. März) „im Schuellersamblen" ungebürlich betragen, sich vollgesoffen haben und er selber das, was sie gesammelt haben, nebst Anderen versoffen habe.[1]) In Niederkappeln im Mühlkreis zogen die Schulkinder 1728 noch herum, sangen kleine Strophen, worin von ihrem Fleiss, Wohlverhalten und von St. Gregorius ihrem Patron die Rede ist, sammelten Geld, Schmalz, Eier und hielten am 29. Juni eine Mahlzeit und Fest, welches „Schueller Hochzeit" genannt wurde. Wahrscheinlich hat man das Fest in dieser rauhen Gegend des höheren Vergnügens wegen auf den Sommer verschoben.[2])

§. 13. Lehrfächer.

Was den Kreis der Lehrfächer anbelangt, welche in diesem Zeitraum an der Klosterschule tradirt wurden, so erfahren wir aus den Urkunden des Hauses, dass für die Knaben der Katechismus und die *humaniores disciplinae,* für die Novizen und Junioren eben dieselben und dann noch *sacrae lectiones* gelehrt wurden.

Aus beiden Fächern, den *humanioribus* und *sacris lectionibus*, mussten sich die Cleriker zu Passau einer Prüfung unter-

---

[1]) Stadtarchiv von Vöcklabruck abschriftlich im Archiv St. Florian. S. 252. — [2]) Schriftstück im Linzer Museum Inv. Nr. 10181, sammt Lied mit Noten, Verzeichniss und Preis der Speisen.

ziehen, wohin sie unter Begleitung ihres Scholarchen gelegentlich der heiligen Weihen reisten. Noch ist aus dem Jahre 1598 ein Schreiben des Domprobstes von Passau an den Stiftsdechant Veit W i d m a n n vorhanden, worin er sagt, der Grund, warum die Fratres bei der Prüfung so „traurig respondirt," liege zweifelsohne darin, „dass sie nicht mit sondern *praeceptoribus* versehen, sondern aintweder mit den gemainen weltlichen *scolaribus* und *astantibus communes lectiones* haben, oder vielleicht dieselben ganz und gar negligiren." Als Fächer, worin sie schlecht bestanden, gibt er den Katechismus und die Humaniora an. Er empfehle desshalb den Magister Georgius F r a u n m ü l l e r , der an der Domschule in Passau das Lehramt versehen und im Stande sei, „die Novitios sowohl in *sacris lectionibus* als in *humanioribus disciplinis* der Gebühr nach zu informiren." [1]

Es entsteht nun zuerst die Frage, was man unter den *sacrae lectiones* damals Alles begriffen hat? In erster Linie gehörte die Erklärung der heiligen Schrift dazu. Die Lectüre der heiligen Urkunden war in früheren Zeiten beim Unterricht der jungen Geistlichen vielfach vernachlässigt worden. Ein Beweis dessen ist das Decret des Concils von Trient, welches verordnet, dass in den Klöstern, wo es bequem geschehen könne, Vorlesungen über die heilige Schrift e i n g e f ü h r t , die Säumigen von den Bischöfen mit geeigneten Zwangsmitteln dazu genöthiget werden sollen.[2] Das eingehende, umfassende Schriftstudium bei den Protestanten hatte den Kaiser F e r d i n a n d I. bewogen, noch vor dem Concil von Trient dem Schriftstudium auf der Universität Wien die grösste Aufmerksamkeit zu widmen.

Die ganze Bibel sollte von 3 dazu verordneten Lectoren innerhalb 6 Jahren erklärt werden; dazu seien die besten Ausleger aus den heiligen Vätern zu lesen, wenn es die Zeit erlaube. Wenn einer von den 3 Lectoren aus gutem Willen den Zuhörern *Scolasticam theologiam* lesen wolle, so solle es ihm vergönnt und unbenommen sein.[3] So weit war also jetzt das Ansehen der Schrift gestiegen, dass sie die ehemalige Königin, die scholastische Theologie, fast ganz verdrängte, ja dass auf sehr vielen Lehr-

---

[1] Flor. Archiv 1598 18/10. — [2] *Mabillon de studiis monasticis I. 47.* — [3] Reformgesetz Ferdinand I für die Wiener Universität von 1587. Kink Gesch. d. Wien. Univ. 2. Bd. S. 343.

anstalten das ganze theologische Studium nur in Erklärung der Schrift bestand. [1]) In Folge dieses neu erwachten Eifers wird der Probst von St. Florian 1561 durch die kaiserlichen und bischöflich passauischen Reformations-Commissäre angewiesen, bei der Schrifterklärung unter seinen Clerikern die Postillen von Ferus, Hofmaister, Nausea, Wicelius, Eckius und dergleichen einzuführen. [2])

Mit der Interpretation der heiligen Schrift waren übrigens die *sacrae lectiones* noch nicht abgeschlossen. Dass dahin auch der Katechismus zu rechnen sei, geht aus dem obenerwähnten Passauer Erlass an Dechant Widmann hervor, wo der Katechismus unter den Prüfungsgegenständen aufgeführt wird. In Florian waren der Merseburger, dann seit 1556 der des Canisius im Gebrauch. Ueberdiess sind dahin auch die *casus conscientiae* oder Lehre vom Beichtstuhl zu beziehen, denn abgesehen von der Unerlässlichkeit solcher Kenntnisse für den katholischen Seelsorger, geht dieses aus dem Salzburger Synodalbeschluss von 1569 hervor, wo die Väter darauf dringen, dass an allen etwas begüterten Collegiatkirchen ein gelehrter Theologe angestellt werde, welcher den Schülern täglich eine Stunde Morgens die heilige Schrift erkläre und ihnen in der Pastoral und Liturgie Unterricht ertheile. Um 1575 wird der Schulmeister der Klosterschule von St. Peter durch seinen Abt angewiesen, den Novizen und jungen Clerikern *„Grammaticam,* den *Catechismum* und *casus conscientiae* zu proponiren."* Man hatte auf katholischer Seite das Betonen des Schriftstudiums auf den Lehranstalten bald wieder aufgegeben. So bestand 1617 das theologische Studium in St. Peter nur in der Moraltheologie [3]) *(casus sconscientiae).* Eben so in Passau *(professores casuum).*

Der grosse Mangel an geistlichen Candidaten in der Reformationsperiode brachte es mit sich, dass man auf das Studium der Theologie sehr wenig Zeit verwendete und in den engen Kreis theologischer Disciplinen die *casus conscientiae* also practische Theologie einen so hervorragenden Platz einnehmen. Es kam

---

[1]) So zu St. Peter in Salzburg. Vierthaler l. c. 177. Auch bei den Protestanten z. B. auf der Academie in Strassburg. Raumer Gesch. der Pädagogik. I. 268. — [2]) Flor. Archiv 1561²⁴/₁₂. — [3]) Vierthaler l. c. S. 188, 191, 222, 231.

eben darauf an, nur recht schnell practische Seelsorger zu erziehen. Der Dechant Veit Widmann, der 1584 die feierlichen
Gelübde ablegte, wurde schon das Jahr darauf zum Priester
geweiht. Der Probst Leopold Zehetner studirte nur ein Jahr
Theologie 1605—1606. Der Chorherr Wolfgang Hueber
macht nach den Austritt aus dem Noviziat 2. Februar 1614
feierliche Profess und erhält am 12. März 1615 die Priesterweihe. Andere durchliefen die Bahn in 2 Jahren. Man kann
wohl sagen, dass heut zu Tage ein absolvirter Gymnasialschüler
von dem Inhalt seines Glaubens und seiner Geschichte unendlich
mehr weiss, als dazumal ein absolvirter Theologe.

Was man in den Klöstern unter *litterae humaniores* verstand, war nach Zeit und Ort sehr verschieden.[1] In Tegernsee
wurde in der zweiten Hälfte des 16. Jahrhunderts an der äusseren
Klosterschule Lesen, Schreiben, Rechnen, Singen und lateinische
Sprache gelehrt, für die Cleriker hingegen das ganze *trivium*
und *quadrivium*, ausserdem noch die Elemente der griechischen
und hebräischen Sprache.[2] Dagegen wurde in der Schule des
Klosters St. Peter in Salzburg unter Erzbischof Ernst
(1540 bis 1554) nur Grammatik, Rhetorik und Dialectik vorgetragen.[3]

Anno 1601 verspricht der Abt Johann von Lambach eine
Person aufzunehmen, welche im Stande sei, die Novizen und
Junioren neben den klösterlichen Wissenschaften auch in den
freien Künsten zu unterweisen.[4] Als einzigen Zeugen, wie es
mit den freien Künsten in Florian sich verhielt, haben wir nur
die Supplik[5] eines ehemaligen Schulrectors von Garsten und
Seitenstetten, der in einer Eingabe von 1580 in reinem zierlichen
Latein den Probst von St. Florian um den erledigten Schuldienst
bittet. Der Mann hiess Georg Vogel, war ein Baier von Geburt
und hatte dort seine Ausbildung erhalten. Zur Unterstützung
seiner Bitte fügt er ein *poema extemporaneum*, wie er es nennt,

---

[1] Auf den Lehranstalten der Jesuiten umfassten zu der Zeit die
Studia humaniora 5 Classen, Infima oder Rudimenta, Media oder Grammatik, Suprema oder Syntax, Humanitas oder Poesie, Rhetorik. Raumer
l. c. I. 299. — [2] Günthner Gesch. d. literar. Anstalten in Baiern II. 129,
142. — [3] Vierthaler l. c. 177. — [4] Flor. Archiv 1601³⁰/₅. — [5] Siehe
Beilage IV.

bei, welches im Geschmack der Humanisten reich gespickt mit mythologischen Anspielungen und von gespreitzten Ausdruck ist, aber Gewandtheit in poetischer Darstellung und Kenntniss der Classiker verräth. Er nennt sich selbst einen Poeten und Liebling der Musen und spricht seinen Entschluss aus, die ihm anvertrauten Zöglinge in ihr Reich einzuführen. Er musste demnach wissen, dass man so etwas in den Klosterschulen Oesterreichs von einem Schulmeister fordere. Da er auch von den Künsten Minerva's spricht, mit denen er die Jugend zieren soll, so geht so viel daraus hervor, dass man damals in Florian wenigstens Grammatik, Rhetorik, Dialectik zu den *litterae humaniores* werde gezählt haben. Etwas Anderes ist es freilich mit den Realien, welche auch an grossen Lehranstalten gar nicht oder äusserst spärlich angebaut wurden.[1]

Um zu sehen, wie die *litterae humaniores* vor Beginn des Einflusses der Jesuiten behandelt wurden, braucht man nur einen Blick auf die grösseren Privat- und öffentlichen Schulen zu werfen, an denen jene Lehrer gebildet wurden, welche damals als fahrende Pädagogen herumzogen und die Leitung der Klosterschulen übernahmen. Wenn die Schulen, die wir in's Auge fassen, auch ausserhalb Oberösterreichs waren, so ist es doch gewiss, dass man derartige Lehrer in unserer Heimat anstandslos anstellte.[2]

Wir haben einen ausführlichen Schulplan von dem Rector der gelehrten Schule in München, Gabriel Kastner, vom Jahre 1560, welcher uns zeigt, wie der Unterricht vor der überhandnehmenden Einflussnahme der Jesuitenschulen beschaffen war.[3]

---

[1] Im Lehrplan des so berühmten Strassburger Schulmannes Johannes Sturm von 1565 ist von denselben gar nicht die Rede. Später wurden in der Secunda (der zweitobersten Classe unter 10) die Anfänge der Arithmetik, in der obersten Classe einige Sätze Euclids vorgetragen. Das Astronomische beschränkte sich auf Vorzeigen und Erklären einer Armillar-. sphäre. Raumer Gesch d. Pädagogik I. 266. — [2] So war Georg Vogel, von dem oben die Rede war, ein Baier und in Baiern gebildet; Georg Fraunmiller, den das Passauer Ordinariat zum Rector in Florian vorschlug, längere Zeit an der Domschule in Passau thätig. — [3] Er ist abgedruckt in den Beiträgen Westenrieders zur vaterländischen Historie. 5. Band, Seite 214

In den 4 Classen, in welche die Schüler eingetheilt waren, trieb man lateinische Grammatik nach Donatus und Lupulus, Poesie, Lectüre und Nachahmung der Classiker, in der 4. Classe auch Rhetorik, Dialectik und griechische Grammatik. Man las Catonis Moralia, die Fabeln des Aesop, Terenz, Briefe, Reden und philosophische Abhandlungen Ciceros, Virgil, Horaz, Salust, Caesar.

Man liess fleissig lateinische Briefe, Gedichte uud Reden anfertigen und dieselben vortragen; Prüfungen wurden nicht gehalten, aber von Zeit zu Zeit Disputationen veranstaltet. Christliche Classiker werden nicht mehr gelesen, kein Religions-Unterricht ertheilt, doch alle Wochen von den älteren Schülern die sonn- und festtäglichen Evangelien und Episteln auswendig gelernt. Deutsche Sprache wurde gar nicht betrieben, eben so wenig Arithmetik,[1] Geometrie, Astronomie; Geographie, Welt- und Landesgeschichte, Naturgeschichte und Naturlehre haben dasselbe Schicksal. Nur Gesang wurde gelehrt.

Auf das Studium und die kunstvolle Nachahmung der römischen Classiker legte man den grössten Nachdruck[2] und zwar war es jetzt nicht mehr wie in vorangegangenen Zeiten auf die Vorbereitung für die Gottesgelehrtheit abgesehen, sondern um die Aneignung des schönen classischen Ausdruckes in lateinischen Briefen, Gedichten und Reden war es jetzt allein zu thun. Darum nannte man solche Schulen auch Poetenschulen, und Magister Gabriel K a s t n e r zeichnet sich ausdrücklich Poet, wie sich auch Georg V o g e l, der Competent um den Schuldienst zu Florian, einen solchen nannte. Ihre einseitige, schöngeistige, den Religionsneuerungen zugängliche Richtung,[3] in einer Zeit, wo die christliche Erziehung vor Allem noth that, erregte bald den Unwillen der Kirche und auf der Provinzialsynode von Salzburg anno 1569, der auch der Vertreter der Passauer Diöcese beiwohnte, wurden die Poetenschulen, welche ohnehin nur Unter-

---

[1] Das nothwendigste davon die vier Species lernte man in den deutschen Schulen, wenn man besonders dafür bezahlte. l. c. 233. — [2] *Scopus totius institutionis nostrae erit, ut pueros adolescentesque eo provehamus, ut pure, eleganter et expedite possint et loqui et scribere historiasque intelligere. l. c. 220.* — [3] Günthner Gesch. d. literar. Anstalten II. 193.

68

nehmungen von Privatlehrern waren, verworfen.[1]) Der erwachende
katholische Geist zeigt sich hingegen in der Schulordnung des
Klosters St. Peter von 1775, wo besonders hervorgehoben wird,
dass der Schulmeister die Werke· katholischer und classischer
Autoren mit den Schülern lesen, dann einen katholischen Katechismus vornehmen solle. Von den Realien aber geschieht auch
dort keine Erwähnung.[2])

---

[1]) Dallham Concilia Salisburg. 523. Siehe auch Vierthaler l. c. 165.
— [2]) Vierthaler l. c. 191 u. f.

Dritter Zeitraum.

Die Klosterschule

von dem Erlöschen der selbstständigen Lateinschule bis zur
Aufhebung der Klosterstudien unter Kaiser Josef II. 1783.

---

§. 14. Die Singer auf der Schuel.

Es ist oben erzählt worden, dass Probst Leopold I. die
vollständige Lateinschule eingehen liess und diese in eine Vorbereitungsschule für die „Singer auf der Schuel" und einige
andere Knaben, welche vom Markt und Umgebung sie besuchten, umgewandelt hatte. Wenn wir nun dieselbe während ihrer
Dauer im 17. und 18. Jahrhundert betrachten, so finden wir,
dass die Sängerknaben 12 an der Zahl und einige andere Knaben
von einem Priester oder Cleriker, der *princeps studiosae juventutis*, auch *magister alumnorum* hiess, im Latein unterrichtet
wurden. Als Schulbücher gebrauchte man die bei den Linzer
Jesuiten eingeführten. Nach der kürzeren oder längeren Brauch-
barkeit des kleinen Sängers für den Chordienst wurden ihm hier
die Kenntnisse beigebracht, welche man bei den Jesuiten in
Linz in der Infima, Principia, Grammatica und Syntaxis erlernte.
Für die Ausbildung in Poesie und Rhetorik wurden die Zöglinge
auf Stiftskosten an die Lehranstalten der Jesuiten[1]) nach Böhmisch-
Krumau, Steier oder gleich nach Linz geschickt, an welch' letz-
terem Ort sie auch die philosophischen Lehrfächer in 3 Jahr-
gängen hörten. Häufig kehrten sie von diesen Schulen in das
Kloster St. Florian zurück, wo sie ihre Kinderjahre verlebt
hatten.

---

[1]) Das Gymnasium der Jesuiten in Krumau wurde 1586, das zu Linz
1608, das zu Steier 1632 errichtet. Das Collegium der Jesuiten in Passau
bestand seit 1611.

Ein solcher Sänger war der um Bibliothek und Archiv hochverdiente Chorherr Johann P a c h l, geboren 1674, der in Florian den Unterricht im Latein bis zu den Humanioren erhielt und 1705 *magister studiosae juventutis* wurde.[1]) Ferner der Probst J o h a n n G e o r g, geb. 1695, der die untersten Classen, und der Probst Leopold T r u l l e y, geb. 1732, welcher als Discantista die *Elementa latinitatis* bis zu den Humanioren hier absolvirte. 1675 liess das Stift fünf solcher Knaben im Seminario s. Ignatii in Linz gegen ein jährliches Kostgeld von 40 Gulden für einen studiren. Das blieb durch längere Zeit die stehende Zahl. 1703 studiren drei Knaben in Linz bei den Jesuiten, einer geniesst ein Handstipendium, zwei werden in Steier unterhalten. Das Kostgeld in Linz war für einen jährlich 60 Gulden, für den ersten Tisch 100 Gulden. Noch im letzten Jahre vor der Aufhebung der Jesuiten 1773 kommen Florianer Zöglinge im Jesuitenseminar in Linz vor. Sie waren häufig Söhne von Handwerkern und Künstlern, welche bei dem grossartigen Umbau des Stiftes von 1683 bis 1745 in Florian beschäftigt waren.

Bei dem Sinn jener Zeit für äussere stattliche Erscheinung trugen die Sängerknaben in Florian eine Uniform (Liberey), nämlich: Blumeranfarbigen Rock mit Silberborten, kurze Hosen, rothe Westen, rothe Strümpfe, Schuhe, Hut und Mantel. Sing- und Schauspiele, durch Knaben aufgeführt, waren in Linz und Florian im Schwange. So werden anno 1699 in Linz 100 deutsche Comödien für das Stift St. Florian gedruckt; in den Rechnungen von 1727 erscheinen 100 Stück gebundene Exemplare mit dem Titel: Musikalischer Wettstreit der Künsten; 1731 gar 400 Comödien, „componirt von Ihro Hochwürden Herrn H a l l- w a x". Er war Capitular von St. Florian.

Je mehr der Staat von der Wichtigkeit eines gleichförmigen,[1]) öffentlich controlirten Unterrichtes sich überzeugte, wur-

---

[1]) *Subsidium ad Catalogum Joan. Georg.* im Archiv. Dieses, so wie die handschriftlichen Aufzeichnungen Pscharr's, dann die Kammerei- und Ostermarkts-Rechnungen sind grösstentheils die Quellen für die nachfolgenden Angaben gewesen. In anderen Häusern, z. B. Garsten, welches 16, Waldhausen, welches 6 Knaben unterhielt, sandte man dieselben erst nach Absolvirung der Humaniora auf eine höhere Anstalt. *Insprugger Austria mappis geographicis distincta II. 106.*

den die Kloster- und Privatlehranstalten beschränkt. Nach einer
im Jahre 1753 ergangenen kaiserlichen Verordnung durfte in
keinem Kloster ²) weiter als bis zur Syntax (die 4. Gymnasial-
classe) und dieses nur nach der vorgeschriebenen Methode gelehrt werden. ³) Aber jetzt noch immer wie vorher machten die
Zöglinge beim Uebertritte an ein öffentliches Gymnasium keine
Prüfung.

Auch diess hörte im Jahre 1778 auf, indem eine kaiserl.
Verordnung vom 28. August 1778 bestimmt, dass die Sängerknaben nur bis zur 3. Lateinclasse und diess privatim, so dass
sie öffentliche Prüfungen machen müssen, in den Klöstern
studiren dürfen. Der Unterricht war nach den vorgezeichneten
Lehrbüchern einzurichten. Aus derselben Verordnung geht auch
hervor, dass vor 1778 in den Klöstern noch immer neben den
Sängerknaben auch andere Knaben Unterricht erhielten, ⁴) und
der Name Klosterschule fortdauerte, was beides verboten wurde.
Später wich man wieder insoferne davon ab, als an dem Privat-
unterricht für Sängerknaben auch andere theilnehmen konnten
und in dieser Form hat der Unterricht in den Klöstern Oesterreichs für die Grammatikalclassen bis in die neueste Zeit fortgedauert

§. 15. Theologische Hauslehranstalt. Aeusserer
Verlauf.

Wie die Erziehung und Bildung unserer Klosteralumnen
im 17. und 18. Jahrhundert vorzüglich in den Händen der

---

¹) Im Schuljahre 1650 waren in den ersten Lateinclassen in Linz
Knaben von 8, aber auch Jünglinge von 17 und 22 Jahren. Gaisberger
Gesch. d. Gymn. zu Linz. 21. — Und doch war das nur ein Uebelstand,
der mit vielen Anderen aus dem Mangel eines ordnenden Geistes ent-
sprang. — ²) Die vom Staate anerkannten Klostergymnasien wie Krems-
münster, Mölk u. s. w. ausgenommen. — ³) Ficker Volks- und Mittelschulen
in Oesterreich. S. 361. — ⁴) Bezüglich des Schreibmateriales, welches vom
Stifte verabreicht werden sollte, heisst es in einer Verordnung von Probst
Joh. Georg 1750: Den Discantisten allein, nicht aber andern hiesigen Schuel-
Knaben, noch denen in Linz studirenten Stüfftsalumnen würdet die Noth-
thurft gegen des *magistri attestatum* bewilligt. *Informatorium domesticum.*
II. 456 im Stiftsarchiv.

Jesuiten lag, so auch die Bildung unserer jungen Geistlichen, wenigstens bis 1760, wo man anfing, die Cleriker seltener an fremde Lehranstalten *ad theologiam speculativam* zu senden, weil man zu Hause für höheren theologischen Unterricht gesorgt hatte. Bis zu jenem Zeitpuncte finden wir unsere Cleriker häufig an den theologischen Bildungsanstalten der Jesuiten zu Passau, Ingolstadt, Graz, gegen Ausgang des 17. und im 18. Jahrhundert vorzüglich in Wien. Nebenbei hat man bis zum Erlöschen der Hausstudien 1783 immer einen oder den anderen Professen in das *Collegium germanicum* nach Rom geschickt.[1]

Nach der Beendigung des Bauernkrieges 1626 und der noch frischen Unterdrückung des Protestantismus waren die Gemüther der Oberösterreicher noch lange dem geistlichen Stande abgeneigt.

Es zeigt diess die geringe Anzahl eingeborner Candidaten. Unter der langen Regierung Probst L e o p o l d I. (1612 — 1646) waren 58 Männer in das Stift getreten; darunter waren 16 Baiern, 3 Böhmen, 2 Steiermärker, 2 Schlesier, 1 Lausitzer, 1 Tiroler, 1 Krainer und 1 Schwabe, also fast die Hälfte Nichtösterreicher und ein Viertel der ganzen Zahl aus Baiern.. In das Baierland nach Passau und Ingolstadt war es, wohin die Pröbste L e o - p o l d I. und sein Nachfolger M a t h i a s G o t t e r mit Vorliebe ihre Cleriker sendeten. Es zeigt sich hier im Kleinen, wie Baiern damals das Kernland des Katholizismus in Deutschland gewesen ist, und welchen Einfluss es durch seine Lehranstalten und tüchtigen Candidaten auf die Hebung des katholischen Geistes in Oesterreich geübt hat.

Unter den Clerikern traf man die Auswahl, dass man die begabteren zum höheren theologischen Studium *(ad theologiam speculativam,* wie man es nannte) auf fremde Lehranstalten schickte, während die minder begabten ihre Studien *(theologiam moralem)* zu Hause machten.[2] Als Beleg dafür, dass es ein

---

[1] Der erste, der seine theol. Studien in Rom machte, war Richard Haydinger, der 1675 in Rom primizirte; der letzte Joseph von Reichenau hielt dort 1780 Primiz. — [2] Die Statuten von St. Pölten, Herzogenburg, St. Andre, Klosterneuburg, Vorau etc. zeigen, dass es im 17. und 18. Jahrh. auch in anderen Chorherrenstiften Oesterreichs Sitte war, die Cleriker zu Hause in der Theologie zu unterrichten.

theologisches Hausstudium gab, dienen die Hausstatuten des
Probstes Franz Claudius Kröll (1700—1716), welche genau
zwischen *Juniores* und *Novitii* unterscheiden, die *Junioren* als
im Hause anwesend behandeln und bei dem *tempus studiorum*
ausdrücklich auf die *antiqua consuetudo* verweisen. Probst
Johann Georg (1732—1755) sagt in seinen Aufzeichnungen,[1])
dass die Jungherren *(juniores professi, sive majoribus ordinibus
initiati sive non)* in den ersten Jahren der Regierung seines Vor-
gängers (Johann Bapt. 1716—1732) und viel früher, *multis retro
annis*, zur Recreation im Fasching 1¹/₂ fl. empfangen haben. Da
nun die auf fremden Academien studirenden Florianer im Winter
gewiss nicht zu den Faschingsherrlichkeiten nach Florian gekommen sind, so geht daraus hervor, dass es seit undenklichen
Zeiten müsse allhier studirende Cleriker gegeben haben.[2]) Uebri-
gens wurde das Hausstudium damals durchaus nicht begünstigt;
man liess sich dasselbe eben gefallen, weil man sich nicht anders helfen konnte.

Eine merkwürdige Aeusserung thut derohalb Johann
Georg in einer Capitelrede von 1739, wo er sich gegen das
Weiterstudium von zwei Novizen erklärt: *Ulterius considerandum
venit, quod hi duo novitii ob exiguam qua uterque pollet scien-
tiam nunquam posthac ad studia theologica extra canoniam mitti
possint, sed constanter domi retineri ac cum aliis Connovitiis et
Junioribus habitare debeant.*[3]) Anno 1743 studirten 4 Juniores
zu Hause. Auf auswärtige theologische Anstalten wurden während der Regierung Johann Georg's 18 nach Wien, 2 nach
Rom, 1 nach Graz, 1 nach Prag gesendet. Die meisten von
ihnen nahmen das *magisterium* der Philosophie und den ersten

---

[1]) Examen Rigorosum im Archive. — [2]) In einem anderen handschriftlichen Werke Joh. Georg's der *Manuductio ad perfectionem religiosam* (in der Stiftsbibliothek) führt er S. 333 die Privilegien auf, deren sich
die *Juniores ab immemoriali tempore* erfreuten; darunter *a festo
Purificationis B. M. V. usque ad diem cinerum quies post Matutinum*
u. a. m. Welche Unbequemlichkeiten und Kosten auch nur eine Cleriker-
reise verursachte, zeigt Frater Carl Bollin, der von seinen Studien in Graz
1627 nach Florian zu Pferde heimkehrte. Die Reise dauerte 12 Tage.
Der Bote, der ihn zu Fuss begleitete, erhielt für sich 2 fl., für das Pferd
4 fl. 4 β, für die Rückreise erhielt der Bote für sich und das Pferd 5 fl.
— [3]) Trifarium von Joh Georg im Archiv. S. 15.

Gradus aus der Theologie. Ausserdem sandte der hochsinnige Mann den späteren Bibliothekar T i m e r zur Erlernung der hebräischen, italienischen, französischen Sprache und der Bibliothekswissenschaft nach Wien, den späteren Professor der Moraltheologie im Kloster J o s e p h Proeller zu dem gelehrten Raymund Duellius im Chorherrenstifte St. Pölten, um die Kenntniss der altdeutschen Sprache und des mittelalterlichen Lateins behufs der Uebernahme des Archivs sich anzueignen. Er wollte, wie er selbst sagt, das Stift mit tüchtigen Männern versorgen, literarischen Wetteifer unter den jüngeren Chorherren hervorrufen, den Müssiggang zu Hause ausrotten und zu edlen geistigen Zerstreuungen die Mittel an die Hand geben.

Es waren keine geringen Auslagen damit verbunden. So wurden, um nur eines zu erwähnen, dem Kupferstecher J a c o b Andre Friedrich „wegen der verfertigten Theses" anno 1729 und 1730 1100 fl. bezahlt. J o s e p h Proeller hatte *pro defensione parvi actus theologici et suscipiendo Baccalaureatu Theologico* 1731 in Wien 215 fl. zu zahlen gehabt. Die 200 Exemplare, „worauf in weissem Kupfer sehr kunstreich Martyrium St. Petri und Pauli gestochen," kosteten allein 120 fl.

Auf das theologische Studium zu Hause haben natürlicherweise die grösseren öffentlichen Lehranstalten immer Einfluss geübt. So lange der Inbegriff theologischer Schulbildung in Salzburg, Passau, Linz nur in der Moraltheologie (auch *casus* genannt) und höchstens noch dem *Jus canonicum* bestand, betrieben die Cleriker in St. Florian auch nicht mehr als die *theologiam moralem* oder *scholasticam*, wie sie in schriftlichen Aufzeichnungen heisst, welche auch viele Materien der jetzigen Pastoraltheologie in sich begriff. Sie müssen aber dabei sehr regellos verfahren sein. Ihre Lehrer, die *magistri juniorum,* [1] haben keine regelmässigen Vorträge gehalten, die Schüler keine

---

[1] In den Schriftstücken des 17. Jahrhunderts kommen sie nur unter diesen Namen vor. In der Regel waren sie zugleich Novizenmeister. Joh. Georg sagt bei einer Vorstellung des Novizenmeisters zu den anwesenden Novizen und Jungherren, dass es Aufgabe des Novizenmeisters sei, sie in den Wissenschaften zu unterrichten. Der erste, welcher urkundlich den Titel *theologiae moralis correpetitor* führte, war Philibert Gros, der diese Stelle von 1716—1722 bekleidete. Er war zugleich Novizenmeister und Dechant.

ordentlichen Prüfungen abgelegt, eine bestimmte Zeit für die Vollendung war nicht gegeben; denn Johann Georg erzählt, dass er gleich beim Antritte seiner Regierung tägliche Vorlesungen und Wiederholungen aus der Moraltheologie eingeführt habe, welche an den bestimmten Tagen und Stunden der Magister den Junioren zu ertheilen habe, und welche er bis auf die Gegenwart anno 1754ʹ habe fortsetzen lassen.[1] Der Magister sollte den Autor, über den er liest, binnen 2 Jahren vollenden. Das Studium der heiligen Schrift, für dessen Pflege in den Schulen das Concil von Trient und die Regierung im 16. Jahrhundert einst so sehr geeifert, war schon lange dem Privatfleiss überlassen. Ausserdem hatten die Jungherren nach alter Gewohnheit, wie Johann Georg sagt, lateinische und deutsche Reden auszuarbeiten, über ein vom Magister dictirtes Thema und diese Reden öffentlich im Refectorium von der Kanzel vorzutragen. Auch wurden sie fleissig im *Cantus Gregorianus* und Erlernung musikalischer Instrumente exercirt.

Da die Gymnasialstudien in Linz seit 1672 durch ein philosophisches Studium erweitert worden waren, sorgte man schon unter Probst Johann Bapt. (1716—1732) dafür, dass die Studenten, welche nach absolvirtem Gymnasium in's Stift traten, ihre philosophischen Studien daselbst zurücklegen konnten. Der erste, der als Professor der Philosophie genannt wird, ist Josef Hilz aus Zwisl in Baiern, seit 1726—1732 zugleich *magister juniorum* und Professor der Moraltheologie. Unter ihm studirte Chorherr Franz Kraus, der 1728 in der Frauenkapelle zu Florian eine öffentliche Disputation über philosophische Lehrsätze *proposito emblemate* abhielt.

Es war nämlich damals Sitte, anstatt der Prüfungen öffentliche Disputationen zu veranstalten. Die Thesen, über welche man disputiren wollte, wurden auf ein Imperialfolio-Blatt gedruckt, dessen weitaus grössten Theil ein Kupferstich (emblema) einnahm. Solche Disputationen liessen sich übrigens nicht oft wiederholen. Das Stift zahlte für Thesen, Tapeten, seidene Bänder und Trompeten, welche damals zur Verwendung kamen, 194 fl. Auch unter Probst Joh. Georg studirte man zu Zeiten

---

[1] Trifarium Joh. Georg's im Archiv.

Philosophie daheim; so der Noviz Ferd. Wismayr 1743 Metaphysik unter der Leitung des Moralprofessors Jos. Weiller. Es lässt sich nicht ermitteln, welcher Lehrmittel man sich dabei bediente. Erst 1752 wurden die Klöster durch kaiserliche Verordnung angewiesen, die philosophischen Studien für ihre Cleriker nach der vorgeschriebenen Norm, nach den nämlichen Principien und mit den nämlichen Schulbüchern, wie an den öffentlichen Lehranstalten, zu treiben. [1])

Die Haustheologie blieb in diesem Zustand bis 1760, wo unter Probst Engelbert Hoffmann ein sogenanntes höheres theologisches Studium oder die *theologia speculativa*, wie man sie auch nannte, eingeführt wurde. In Linz war nämlich 1752 das vorhandene theologische Studium, das ist *theologia moralis* und *jus canonicum*, um eine Lehrkanzel der Dogmatik vermehrt worden. Der Wetteifer und der Uebelstand, dass man die Cleriker zur höheren dogmatischen Ausbildung aus dem Hause schicken musste, trug wohl dazu bei, dass Probst Engelbert an eine Vermehrung des Vorhandenen dachte. 1760 wurde deshalb das höhere theologische Studium von dem Probst in solenner Weise mit einer Ansprache eröffnet. Er bestimmte zum *professor primarius* den Chorherrn Pfisterer, der Vormittag von 10 bis 11 Uhr den Tractat *de sacramentis* las, zum *professor secundarius* den Chorherrn Winkler, welcher Nachmittag 3 bis 4 Uhr den Tractat *de gratia* erklärte. [2]) Diese *theologia speculativa* beschäftigte sich demnach mit dogmatischen und moralischen Materien in der Form von Tractaten und vollendete ihren Curs innerhalb 4 Jahren. Im Jahre 1778 wurde auch ein Lehrstuhl der geistlichen Beredsamkeit errichtet und Franz Freindaller, Chorherr und Doctor der Theologie, mit demselben betraut.

Immer fehlte aber noch eine Professur der hl. Canones. Die ungemein zahlreichen Exemplare von *Engl's Compendium*

---

[1]) Ficker Volks- und Mittelschule in Oesterreich 362. — [2]) Nach dem neuen theolog. Schulplan Maria Theresia's von 1752 sollte speculative Theologie in der Weise betrieben werden, dass der eine Professor mehr die scharfsinnigen Theile *de Deo*, *de incarnatione*, der andere die mehr praktischen Seiten *de actibus humanis*, *de sacramentis etc.* behandelte. Kaiserl. Verordnung von 1752²⁵/₆ im Stifts-Archiv. Vorlesezimmer war das jetzige Lesezimmer der Bibliothek neben dem Decanat; vor 1760 das Museum, jetzt Communität genannt.

universi juris canonici, die sich in der Bibliothek und Doubletten-
kammer vorfanden, zeigen, dass man das Kirchenrecht wenigstens privatim häufig studirte. Um dem Mangel abzuhelfen,
wurden auch manchmal Cleriker nach Kremsmünster geschickt,
wo dieses Fach schon längere Zeit gelehrt wurde. Sie hörten
dort Kirchenrecht allein, oder verbanden damit das Studium
der Moraltheologie. Eben so mangelte ein Lehrstuhl für Kirchen-
geschichte und Studium der heiligen Schrift. War doch selbst
in Linz erst 1765 ein Professor *s. scripturae* angestellt worden. Eine Verbesserung in dieser Beziehung machte das kaiserliche Decret vom 30. März 1783 fernerhin unmöglich, indem
durch dasselbe die theologischen Schulen in sämmtlichen Stiften
und Klöstern abgeschafft wurden. Mit Beginn des neuen Schuljahres (November 1783) hatten die General-Seminarien ihre
Thätigkeit für die Bildung des gesammten Welt- und Regular-
Clerus zu beginnen. Durch 10 Jahre wurden so unsere Cleriker nach Wien geschickt, nach Aufhebung der General-
Seminarien 1793 an die Diöcesan-Lehranstalt in Linz bis
1847. In diesem Jahre wurden nach 65jähriger Unterbrechung
die theologischen Hausstudien in Florian wieder in's Leben
gerufen, wo sie unter Leitung von 6 Professoren für die Cleriker
von Florian, Kremsmünster, Reichersberg, Schlägl und Wilhering
bis zum heutigen Tage fortdauern.[1]

§. 16. Die Professoren, Vorlesebücher und Schüler.

Zu Professoren der Hauslehranstalt wählte man durchaus
die begabtesten, welche in Rom, Wien, Graz speculative Theologie gehört hatten und in der Regel als Magistri der Philosophie
und Baccalaurei der Theologie zurückgekehrt waren.[2] Prüfungen
beim Antritt ihres Lehramtes machten sie keine, auch blieben
nur wenige über 10 Jahre in ihrer Stellung; der längste 13 Jahre.
Mit Ausnahme von Pfisterer und Freindaller war keiner
literarisch productiv; in wissenschaftlicher Theologie nur der
Letztere.

Als Vorlesebuch für Moraltheologie wurde der in der Passauer Diöcese hoch angesehene Franciskaner der baierischen

---

[1] Vier Professoren werden von St. Florian, zwei von dem Stifte
Kremsmünster gestellt. — [2] Siehe Beilage V.

Ordensprovinz Anaclet R e i f f e n s t u e l benützt; ausserdem auch
die Moraltheologien von dem Minoriten S p o r e r, den Jesuiten
L a y m a n n, B u s e n b a u m, A n t o i n e. Als Lehrbücher der
Dogmatik die Werke der Augustiner Eremiten und Professoren
an der Wiener Universität G e r v a s i o, B e r t i e r i und G a z-
z a n i g a; für die Anleitung zur geistlichen Beredsamkeit des
Dominikaners N a t a l i s A l e x a n d e r *Praecepta et regulae ad
praedicatores* und des Wiener Universitäts - Professors Ignaz
W u r z Anleitung zur geistlichen Beredsamkeit.

Seit 1770 mussten gesetzlich alle Studien in den geistlichen
Ordenshäusern nach den nämlichen Grund- und Lehrsätzen und
den nämlichen Schulbüchern, welche auf der Wiener Universität
gebraucht wurden, gelehrt und gelernt werden.

So lange das theologische Hausstudium nur in der Moraltheologie bestand, hatten die Cleriker nur eine Vorlesestunde,
nämlich von 3 bis 4 Uhr Nachmittag. Ausser den Sonn- und
Feiertagen, welche damals zahlreicher waren, gab es wöchent-
lich 2 Ferialtage und dreimal im Jahre längere Ferien, nämlich
das *Tempus Bachanalisticum* von Maria Lichtmess bis Fasching-
dienstag, beiläufig 3 Wochen; die *Caniculares* Hundstagferien
von Maria Magdalena (22. Juli) bis Bartholomäus (24. August),
also beinahe 5 Wochen und die *Vacationes* schlechthin von
Maria Geburt (8. September) bis Martini inclusive (11. November), also mehr als 9 Wochen.[1]) Dass bei solcher Zeitverschwen-
dung wenig in einem Jahre geleistet werden konnte, indem allein
die längeren Ferien 4 Monate betrugen, dass die Cleriker statt
2 Jahre 4 bis 5 Jahre brauchten, um ihren Cursus in der Moraltheologie durchzumachen und am Ende doch noch häufig bei
dem *Examen pro cura* in Passau reprobirt wurden, darüber er-
hebt Probst J o h a n n G e o r g laute Klage.[2]) Dabei kürzte man
die Studien einzelner Cleriker wieder ausserordentlich ab. So
vollendete der nachmalige Probst T r u l l e y seine ganze theologische Laufbahn in 15 Monaten und wurde darauf gleich
Cooperator in Vöcklabruck. In seiner Instruction für den *Magister Juniorum* verlangt J o h. G e o r g,[3]) dass er sich bei seinen

---

[1]) *Manuductio ad vitam religiosam* von Joh. Georg S. 325 hand-
schriftlich in der Bibliothek. — [2]) Trifarium Joh. Georg's im Archiv 85. —
[3]) *Manuductio 314.*

Vorträgen nicht auf Speculationen und Formalitäten einlassen, sondern practisch vorgehen solle. Er empfiehlt ihm desshalb in allen Vortragsstunden zum Schluss einen practischen Fall aus dem Gebiete der Moral zur Beantwortung vorzulegen. Die ganze Bildung war mehr auf's Abrichten für die Anforderungen der Seelsorge angelegt. Um die jungen Leute für diesen Beruf vorzubereiten, wurden an den Samstagen von Mai bis Allerheiligen seit undenklichen Zeiten von den Junioren Kinderlehren *(Catecheses)* gehalten zu Hause und in den nahen Filialkirchen zu Asten und Rohrbach, später auch zu Kurzenkirchen.

Die Jungherren hatten täglich an der Messe und dem ganzen Chor theilzunehmen, (*Matutinum* 4 Uhr früh), hatten an den Recreationstagen Nachmittag freien Ausgang, an den Schultagen bloss Erholung im Garten.

Semestral- oder Jahresprüfungen fanden vor 1760 noch nicht statt. Das höchste war, dass dann und wann ein Cleriker theologische Thesen in der Marienkapelle oder im Kaisersaale öffentlich vertheidigte. Um aber die Gefahr einer Reprobation bei dem *Examen pro cura* in Passau zu vermindern, wurden die *ordinandi* zu Hause von einem eigens dazu ernannten *Examinator curandorum* geprüft. Wahrscheinlich benützte man zur Vorbereitung *Engl's Manuale parochorum*, welches in sehr grosser Anzahl einmal in Florian vorhanden war. Bei der Aufnahme in's Noviziat wurden nach einem bis in das Mittelalter zurückgehenden Gebrauch die Candidaten geprüft, wozu ein eigener *Examinator candidatorum* bestellt wurde.

Die Correctionsmittel für zuchtvergessene Junioren waren unter J o h. G e o r g und E n g e l b e r t strenge: Zurechtweisung vor dem Magister, Zurechtweisung vor dem ganzen Capitel, öffentliche Strafen im Refectorium, z. B. Entziehung des Braten und Weines, Fasten bei Wasser und Brod, Bodensitzen, geistliche Exercitien, endlich Kerkerhaft. Diese letztere wurde unter J o h. G e o r g und E n g e l b e r t anno 1742 und noch 1760 thatsächlich verhängt.[1])

<hr />

[1]) Trifarium Joh. Georg's 28 und *Hist. domest.* von Probst Engelbert 37 im Stiftsarchiv.

Ein Mittel, um den Fleiss und Wetteifer anzuspornen, waren die öffentlichen Disputationen. Probst Engelbert liess alle Quartale eine solche abhalten, wo jeder Cleriker 3 Thesen zu vertheidigen hatte, und jeder, der wollte, opponiren konnte. Damit aber, wie er sagt, der Fortschritt besser erhelle, führte er am Ende des Schuljahres eine Prüfung aus den 2 Fächern der speculativen Theologie ein. [1]) Manchmal war damit auch eine feierliche Schlussdisputation verbunden. Die *Historia domestica* dieses Probstes beschreibt eine solche ausführlich [2]) und da die Schilderung zur Charakteristik des Zeitalters und der Lehrmethode dient, so tragen wir sie zum Schluss des Ganzen im Folgenden aus dem Latein übersetzt im Wesentlichen nach.

Am 31. August 1763 war der grosse prächtige Kaisersaal der Schauplatz einer erhebenden academischen Feier. Auf der Ostseite war eine 4 Fuss hohe Bühne errichtet und mit einem rothen Seidenteppiche bedeckt, auf welcher sich ein seidener reichgestickter Baldachin mit dem Bildnisse des heiligen Augustin erhob. Auf der Seite gegen den Garten war eine Bank mit rothem Tuch überzogen für den Stiftsdechant als Director der Studien und für die 2 Professoren; für den Prälaten, die Oppugnanten und die Gäste waren Stühle in der Mitte des Saales hergerichtet. Nach vorausgeschickten Gottesdienst zogen der Prälat mit den Oppugnanten und Defensoren, mit dem Director und den Professoren, alle mit Birret und Mänteln unter dem Schall der Trompeten und Pauken in den Saal und nahmen ihre Plätze ein.

. Als alles in Ordnung war, hielt Junior Spalt eine Weiherede, nach deren Beendigung er dem Prälaten die These überreichte, deren Durchführung er beschlossen hatte. Nachdem er seinen Satz erwiesen, erhoben sich die *Oppugnantes honorarii.* Zuerst griff der hochwürdige Pater Focky, Professor des Kirchenrechtes, die These an: *Clementem XIII. esse verum Christi in terris vicarium, est de fide.* Als zweiter Gegner erhob sich der hochwürdige Pater Dissent S. J., der die Behauptung aufstellte: *S. S. Eucharistiam sub duplici specie ab omnibus sumen-*

---

[1]) *Ex duobus tractatibus.* — [2]) Fol. 85.

dam. Der dritte war der hochwürdige Petrus Jobst, Chorherr von St. Florian, mit dem Satz: *Ad valorem sacramenti sufficere solam positionem ritus externi.* Diese 3 Argumenta nahmen 1½ Stunde in Anspruch, worauf man zur Tafel ging, an der alle Theil nahmen, die defendirenden Juniores ausgenommen.

Um 3½ Uhr Nachmittags bestieg der andere Defendent Junior Geyr die Rednerbühne. Auch er hielt eine Eingangsrede und lud die Anwesenden zum Zweikampf ein. Der Herausforderung folgte zuerst der hochwürdige Decanats-Administrator zu Enns und griff die These an: *Quod Deus omnibus hominibus etiam parvulis providerit de mediis ad salutem sufficientibus.* Auf ihn folgte der *Reverendus Dominus* Mayr, Cooperator zu Enns, der den Satz aufstellte: *Sacerdotem non esse ministrum sacramenti matrimonii.* Der dritte Gegner war Junior Wöss von St. Florian, der behauptete: *Non dari statum naturae purae.*

Auch dieses Turnier dauerte anderthalb Stunden. Hierauf gegenseitige Beglückwünschung von Defendenten, Oppugnanten und Gästen. Der hochwürdige Historiograph schliesst seine Beschreibung mit der Bemerkung, dass Defendenten und Oppugnaten aus unserem Gremium in Wahrheit ihre Sache vortrefflich gemacht und das höchste Lob sich erworben haben.

Die Hausprofessoren hatten vorher die begabtesten aus den Jungherren eigens zu diesem gelehrten Kampf durch Privatlectionen abgerichtet. Mühe und Arbeit war auf beiden Seiten viel, auch die Kosten waren nicht geringe. Man liess von Graz grosse Kupferstiche kommen, welche das letzte Abendmahl und die Taufe Christi vorstellten, von jeder Gattung 100 Exemplare. Auf diese liess man am Rande die 50 Thesen drucken, welche die zwei Professoren, jeder 25, aus ihren Tractaten wählten. Sie wurden den Gästen und Theilnehmern als Erinnerungsblatt überreicht.

Eine Wiederholung von diesem Schauspiele fand den 31. August 1775 statt, wo Junior Josef Grabmer nach Vollendung der theologischen Studien unter Vorsitz der beiden Hausprofessoren Pollak nnd Ziegler 50 Thesen aus der gesammten Theologie öffentlich vertheidigte. Auch diesesmal fehlte nicht das riesengrosse **Emblema** von **Winkler** in **Wien** gestochen: Maria mit dem Kinde Jesu auf dem Schoosse, in freier Natur unter einem Baume, neben ihr der heilige Joseph und der kleine Johannes. Es ist das einzige Blatt aus manchen vorangegangenen, welches sich aus dem Schiffbruch der Zeiten in unsere Bibliothek geflüchtet hat. Möge es dort auch die kommenden Stürme überleben!

Beilagen.

—— ✶ ——

I. Briefe an Einwik, Probst von St. Florian 1295—1313.

II. Hinterlassene Bücher des Geheimschreibers Einwik's Albertus de Aschach, reg. Chorherrn von St. Florian und Pfarrers von Gmunden 1345.

III. Briefe aus den Jahren 1462—1478 das Schulwesen betreffend, aus dem *codex epistolaris* der Pröbste Johann und Kaspar von St. Florian und dem *codex epistolaris* des Chorherren Augustin Auer.

IV. Poema extemporaneum Georgii Vogelii.

V. Professoren der theologischen Hauslehranstalt St. Florian von 1716—1783.

—————◆—————

Beilage I.

Briefe an Einwik, Probst zu St. Florian 1295—1313.

*Honorabili viro domino Ainwico venerabili preposito ecclesie
Sancti Floriani Otto prothonotarius domini Episcopi pataviensis
nec non Wilhalmus Marscalcus ejusdem domini s (ervicium) in
omnibus benevolum et fidele.*

*Promissiones nobis factas amicabiliter videlicet pro scolare,
pro quo intercessimus, petimus per vestram dominacionem (non)
frustrari, (Lücke) tis condicione tali, ut bene sumus memores, quod
si rector scole de hordacher* [1]) *se infra triduum laboribus vestre
scole non ingeret, predictum scolarem velletis modis omnibus
acceptare, et quia predictus scolasticus se nondum vestris ingessit
s (ervi) ciis, nec se ingerere adhuc intendit, ob hoc fine lauda-
bili votum nobis factum cupimus observari. Nec eum volueritis
assumere tamquam vobis violenter alligatum, immo pocius vobis
speramus per ipsius adepcionem servitutem beneplacitam osten-
disse et non sufficimus ammirari, quod in tantum illum (scolarem) assummere refutatis, cum tamen a cunctis litteratis viris,
ut nobis patuit, in locis pluribus commendetur.*

Auf der Aussenseite: *Honorabili viro domino Ainwico
venerabili preposito Sancti Floriani.*

(Meinem lieben Herren) und meinem gaistlichem vater
Herrem Ainweigen dem erbern probst datz sand florians haus
entbeut ich wernher purger ze pazzaw in der alten Milich-

---

[1]) Collegiatstift Ardacker im Viertel ober dem Wienerwalde.

gassen [1]) mein getrevlich dienst und darzu mein ewig gebett und pit euch gar vleisichlichen und gar getrevlichen, daz ir mir rat und auch helfet umb meines suns wernheren, der also nichí lernet als ich iz gern an im sech, daz ich selben ze disen zeiten wol an im funden han. (Dar)umb sech ich gern und wold iz gern umb euch und umb daz gotshaus dienen, daz ir in der mettein und auch sumleich tagzeit über hûbet, wand ir wol wizet, swes er nu nicht lernet, daz er des nimmer gelernt und gedencht dar an, daz er ewer gaistlicher sun ist, als wol sam der mein nach der menshait. Doch daz er an dem sunnetag und (ze ander) hochzeiten die tagzeit besuech, als ein ander sein geselle, daz ist mein gut wille. Ir schult auch wizzen.... dev gantzen warhait, daz er mich nicht gebeten hat umb disen prief noch umb dev potschaft. Ist daz ir mich der pit gewert, so waiz ich wol und wizt ir iz wol, daz er sich der lernung und des schuelganes dester pas vlei(zzen ze al)len zeiten muez.

Auf der Aussenseite:

Meinem lieben Herren und meinem gaistlichem vater Probst Ainweigen datz sand Florians Haus.

---

[1]) Derselbe schenkte 1306 ein Gut zu Wichendorf an das Siechhaus zu St. Florian, wofür Probst Ainweig die Pfründe seines Sohnes des Chorherrn Werner zu verbessern, dessen Vatern nach dem Tode einen Jahrtag zu halten versprach. Urk. Buch Oberösterr. 4. Bd. 508.

Beilage II.

Hinterlassene Bücher des regul. Chorherren von St. Florian und Pfarrers von Gmunden Albertus de Aschach, ehemals Geheimschreiber des Probstes Einwik.

Auszug aus dessen Testament d. d. 1345. 4. April.

Ad sanctum Florianum Bibliam et Summam Johannis. Item duo paria moralium Gregorii ad sacrarium ibidem. Avunculo meo Elblino ibidem Britonem et Auroram. Item librum meum matutinalem domino Ulrico plebano ibidem. Item in Englhartzcell Hugwiconem. Item domino Ulrico plebano in sancto Michale (Michaele: St. Michel in der Wachau) *Communia Sanctorum. Item fratri Nycolao ordinis predicatorum in Chrems Omelias et vitas Patrum. Item Scolasticam Hystoriam ad novam fundacionem domini Ewerhardi de Walse. Item filio fratris mei duos libros sermonum, videlicet Jacobum de voragine et alium librum sermonum. Item avunculo meo Ulrico saerdoti parvum librum Missalem et Summam theologyce veritatis et unam summulam juris et breviarium. Item Ecclesie mee in Gmunden antiphonarium et Gradwale per Musicam et duo psalteria. Item ad Hospitale in Gmunden librum meum Missalem cum Epistolario et Ewangeliario. Item Magistro Heinrico plebano de Schirolfing libellum de Oculo. Item sociis meis Chunrado parmensem, Martino pharetram, ulrico duos libellos unum sermonum videlicet de sanctis, reliquum de jure Metrice. Item friderico Auream lingwam.* [1])

Das Testament ist vollständig abgedruckt im Urkundenbuch Oberösterr. VI. S. 505.

---

[1]) Das *Chronicon Florianense*, welches Albert von dem unbekannten Verfasser zu schenken bekommen hat, hat er im Stifte bei seiner Uebersiedlung nach Gmunden zurückgelassen.

Beilage III.

Briefe aus den Jahren 1462—1478, welche mit Ausnahme des ersten die Schule St. Florian betreffen, aus dem *codex epistolaris* der Pröbste Johann und Kaspar und dem *codex epistolaris* des Chorherren Auer.

1462.

Reverendo in Christo patri et domino domino Pertholdo[1]) *abbati nec non priori totique conventui venerabilis monasterii in Gersten, domino et patribus suis colendissimis.*

Coetus wursalium[2]) *de vacua pera civitatis Stirensis deditissimam suam oblationem et participium cum interjectione gaudii sempiterni. Largissimi pontificis, gloriosi confessoris beati Martini inclita valde festa sacer.annus, in se dum sua per vestigia vertitur, pampineo gravidus autumno nobis revolvit; niveo quippe dies ipse signandus lapillo, dum felicis nimium prioris aetatis aemulatione in sui quoslibet beati pontificis amantissimos exultationem perducit agiturque varia dio se more diligentium jucunditatis imago. Hic ob ejus memoriae novandae gratiam gausape*[3]) *mensas amicit illustre; est Ceres albata; senex juvenescit in auro Bachus, Bachusque puer adolescentem induit calice fecundo; hic per carmina laeta promitur melos, hic cantibus organicis celeri decursu fistulae grato quodam more sonos furantur. Itaque certatim pie tam pio praesuli plaudunt omnes, nec voto vivitur uno, siquidem nos memorati gaudia priscis exanhelata fomitibus sueto peragere cupientes observantiae cultu laxavimus ora, dedimus voces, insonuitur carmen. At dum haec gerimus, increpuit bellicus hostium nostrorum acerrimorum sitis atque inediae tumultus labiaque Deum canentium in Sion claudere*

---

[1]) Berthold VI., Abt des Benedictinerklosters Garsten bei Steier von 1461—1473. Der Brief wurde zur Characterisirung des Studentengeistes aufgenommen. — [2]) *Bursales* Studenten. — [3]) *Gausape* Tischdecke von Stroh geflochten.

satagebat. Vidimus eos ire dejectum nos opposueruntque castris aciem. Quod ut perspectum nobis erat, accurate nuntios nostros delegavimus in octo regna partium orationis imperio nostro subjecta, nec non sex casuum civitates, quarum assistentia salutum ex inimicis nostris speravimus et de manu omnium, qui oderunt nos. Cum vero in dictis nostris regnis civitatibusque nuntii nostri inopes in dativo deficientes reperirentur, in accusativo graves poenas accipiunt; idque minus moleste ferendum putavissent, nisi in ablativo anserina spolia domum convehere in obsidionis hujusmodi relevamen, foenicecarum [1]) *novo nimiumque pervigili astu forent impediti. Insuper unus itemque alius et pluraliter singuli singulorum singulis nobis revertentes hoc triste denarrant, quod nemo percipit corde, nec est qui mittat auxilium, non est usque ad unum. Nos autem intellecta regnorum civitatumque nostrarum praedictarum renitentia, sumus invicem quaestionibus nixi et quis esset unus, solerter cepimus indagare. Ajunt omnes, reverendus pater dominus Perchtoldus Monasterii Gerstensis praelatus ac similiter prior et conventus ibidem in unum in Christo congregati. Vestras igitur magnificentiam ac paternitates supplici voto ac per ea, quae sunt vobis dulcissima, perque unum illud, quod est prorsus necessarium, rogamus, quatenus calamitosa obsidione, qua nos fames, sitis atque inedia hostium nostrorum circumplexi sunt, nihilominus velitis evolvere, martinianam altilem non sine Bacho munifice in nos dependendo, ut protinus abactis hostibus gravique fasce obsidionis abducto, largissimi praesulis Martini memoriam vestris largitatibus adjuti festa celebritate valeamus decorare. Tunc ductus cornu stabit sacer hircus ad aram, pinguiaque in verubus torrebimus exta colurnis,* [2]) *hinc lances, hinc cratheras, hinc ad strepitum citharae cessatum curas ducere solebimus* [3]) *tibique Martine praesul felicissime rite dicemus honorem. Increbescet praeterea densis vocibus vestrarum magnificentiae paternitatumque perpetuo carmine nobis celebrandum decus ac per hoc reliqua hisce versiculis in vestram prosperitatem emodulabimus vota:*

    Da pater omnipotens abbati dulcia vitae
    Praesentis, priorem et conventum jungier illi
    Quaesumus, aeternae da vitae ponere gressus.

---

[1]) *Foenisecae* Gänse. — [2]) Virg. Georg. II. 395. — [3]) Horat. Epist. I. 2, 31.

Non Lachesis mox abripiat sua fila, sed illi
Da pecus egregium, Cereris vis floreat agro,
Agro etiam mites defendat pampinus uvas.
Sicque tibi turba meritis haec psallat opimis;
Ast benedicendo benedicta sit benedicto,
Justitiae tandem liquidum secet aera pennis
Te fruitura Deus, ut viti palmes inhaerens.

    Ex Stira datum vehementer die mercurii 10. mensis novembris anno domini 1462. Sub appensione sigilli nostri minoris quo utimur in profundo noctis, hora nona vel quasi, parvulis nostris euntibus coquinatum.

1466.

    Venerabili ac eminenti viro, magistro Paulo de Stokcheräw,[1] *sacrae paginae baccalaureo formato, domino suo primario. Venerabilis magister ac observandissime praeceptor. Cum suimet oblatione juge obsequium. Nisi me temporis angustia prohiberet, deberem utique prolixius cudere verba, cum longa ad loquendum bullientis animi meditatio brevi oratione vix queat explicari. Sed cum mihi ad praesens herilibus impedito obsequiis non detur ullum temporis spatium ut quae collibuisset scriberem, itaque facio missum. Unas nihilominus singulari fiducia perusus confido fundere preces, vestram excellentiam enixius orans, quatenus praesentis exhibitorem studiis habilem licet inopem, mihique jam inde usque a parvulo junctum vestro favori placidus velitis aggregare. Quantum vero adjumenti vester sibi favor praestare potest et vos scitis et ego non ignoro. Facite igitur pro vestra sapientia ac singulari, qua me amplexi estis, observantia, ut meas sibi sentiat litteras profuisse. Ex sancto Floriano datum subito anno domini 1466 die martis vicesima secunda aprilis per vestrae dominationis filiolum Mathiam de R.*[2] *scolasticum ibidem.*

1466.

    Clarissimo viro Mathiae[3] *de monte Richeri praeceptori suo praecipuo. Salutem plurimam. Tametsi neque re, neque*

----

[1] Vorstand der Domschule zu St. Stephan in Wien. — [2] Mathias Stainhehler von Reichersberg, can. reg. von St. Florian. — [3] Mathias Stainhehler von Reichersberg.

nomine vir humanissime tecum notus sim, unde adversus te verbum agere mihi liceat, inductus tamen precibus Wolfgangi succentoris [1]) *mei quampluribus, qui tui se discipulum profitetur, atque etiam virtutibus, quibus et copiosus es et illustris, quas ille, cum saepius invicem confabularemur ardenti pectore dè te praedicavit, ad te litteras construere statui. Nam cum tu, ut audio, moribus optimis praeditus sis et variarum artium munere abundus cumulatissime atque ego is existam summi muneris gratia, qui hos magis et amat et colit, horum quoque notitiam simulque amicitiam consequi conetur, qui ut tu ad sapientiam scientiamque rectam indefesse procedunt; te oratum volo, digneris eam, quam toto voto perquiro, notitiam atque amicitiam mihi nunc supplici conferre, quod mihi .saluti spero, tibi quoque nullo periculo. Et si alia nulla fortasse te ratio in amorem meum compulsare poterit, quoniam difficile siquidem est, diligere eos, quos nullo unquam percepimus sensu atque quos virtutum fama nulla caros efficit; id te commoveat velim, quod vix praestantiam tuam senserim, illico in amorem tuum prolapsus sim, quem usque hodie tibi gessi. His adde fidem dictis rogo neque in modum assentationis illa provecta credas. Hunc igitur amorem vir optime pro tua humanitate augere studebis, quem ego tibi observabo semper, dum spiritus in artubus erit. Quod Wolfgangus ipse diebus superioribus a studio Wiennensi discesserit non feres moleste, postquam senties, quibus ille rebus motus sit. Profecto cum hic gravi premeretur paupertate et succentoratus officium jam mecum vacaret, me convenit et suis fortunis expositis orabat, ut huic se officio susciperem. Condescendebam libens precibus suis, postquam illum succentoratui aptum notassem. Hic usque modo et composite et morigerate mecum versatus est, quem tu instigabis, ut Viennam studii causa pergere vernali tempore neutiquam negligat, cum ego tunc, si fata annuent, pariter illic me recipiam. Hoc unum accipe, quod nisi Wolfgangum panis molestasset egentia, nullo pacto studium persuasum rejecisset. Devotissime te obsecro, velis post has litterulas ad me scribere, mihique animum tuum aliquantulum ostendere et ego curabo tuis codicibus respondere, si quomodo potero. Tu denique inerti stilo meo et puerili veniam dato, nam rethoricae musae praeceptore egeo penitus.*

---

[1]) *Succentor* Schullehrer, Unterlehrer.

Optime vale. Ex Neunburga claustrali tredecima die novembris anno 1466 Udalricus Eberhardi de Neunburga claustrali.

1467.

Venerabili et praeeminenti viro magistro Paulo de Stockcheräw sacrae paginae licentiato eximio, praeceptori suo colendissimo. Cum orationum puritate sese totum. Etsi vir ornatissime nec non clarissime praeceptor eo culminis pro utriusque virtutis amplitudine res vestrae pervenerint, ut mihi tantillo magis sit tacendum, quam ex amicitia utrorumque veteri quicquam a viro sic inter excellentissimos collocato exigendum, praesertim cum grave sit homini pudenti, ut ait Cicero, beneficium ex eo petere, de quo si meruit minime putet, tamen cum olim omni humanitatis studio meminerim abs vobis me fuisse complexum sitisque nunc non minor virtute, sed et munere sacrae promotionis accumulatissime praestantior; persuasi mihi quam solide, nequaquam praeeminentiae vestrae minori curae esse, quam antea, si quid munificentiae et officii pro sua in me quondam benevolentia et caritate maxima congerere possit. Quod cum ita sit ad vestram paternitatem egregiam mihique semper memorandam statui obnixius exorare, quatenus praesentis exhibitori Petro Goldeckcher pecuniam si opus fuerit pro certis libellis in cedula his inclusa signatis ac pro nobis emendis sine diffidentia commodare velit, eosdem nihilominus vobiscum, donec solutionem a nobis perceperitis, retinendo; in hoc rem mihi antiquae necessitudinis approbativam devotisque orationibus remerendam nec non domino decano nostro, de cujus assensu et voluntate haec scribo, pergratam faciendo. Ex sancto Floriano datum anno domini 1467 die jovis tricesima mensis julii, sub signeto conventus per fratrem Mathiam [1]) *professum ibidem.*

1467.

Venerabili ac egregio viro magistro Paulo Wann artium ac sacrae paginae doctori eximio, Pataviae praedicatori, patri sibi praecolendo. [2]) *Venerabilis pater, doctor eximie. Cum devotis orationibus sinceram caritatem nec non quidquid reverentiae*

---

[1]) Mathias Steinhehler von Reichersberg. — [2]) Der Brief ist von Mathias Steinhehler von Reichersberg.

pariter et honoris. Receptis nuper reverenter ut docet articulis per dominum legatum ex bullis originalibus · conceptis ac juxta continentiam mandati paternitatis vestrae diligenter apud nos promulgatis, comperimus, quam plurium animos ad se vel sua huic tam sancto operi [1]) impendendum difficiles esse futuros. De casibus namque paternitati vestrae auctoritate apostolica reservatis cuperent ipsi, se absque eo quod Pataviam mitterentur, per confessores quos duxerint apud nos eligendos quietari. Quod cum dominus pater [2]) monasterii nostri rescisset, multis aliis inpraesentiarum praesertimque nonnullis diactis ac etiam vindemia occupatus ut de his vestrae paternitati scriptotenus facerem verba praecepit, tum quia noviter aliquid familiaritatis vobiscum, vestra inquam dignatione, contraxissem, tum quia pridem sollicita ac gratulabunda adventus ·vestri ad nostrum monasterium, praetereuntibus quidem vobis, ob conferendum plura de talibus mihi fuisset exspectatio. Nunc igitur eximie domine doctor, praeceptor metuende, vice et nomine praelati mei paternitatem vestram precibus efflagito fidelibus ac studiosis, quatenus nobis in hoc facto consulere, imo si dignum videtur, quod tamen reverentia vestra dixerim, plenam auctoritatem quoad nostros in praefatum dominum patrem nostrum transfundere velitis memoratum ab respectum, in quo paternitas vestra ad·contribuendum multo plures sine dubio excitabit. Cum praesentis latore peto responsum. *Mathias.*

1468.

Religioso ac honorabili viro domino Mathiae [3]) *monasterii sancti Floriani canonico professo, majori suo observando.* Salvere vos in primis Dii egoque cupimus domine Mathia jocundissime. Quamquam vultibus nostris invisis verba inter nos cuderimus nulla, est tamen nodus quidam, quo constringimur utrique, cujus nomen caritas; qui quidem nodus tam animos quam corpora sic ex integro coadunat, quod, si a quopiam te-

-----

[1]) Es ist die Rede von der Gewinnung des Ablasses bei Gelegenheit des Kreuzzuges gegen König Georg von Böhmen, zu dessen Verkündigung in der Passauer Diöcese Paul Wann als Generalcommissär ernannt worden war. Hansitz 551. — [2]) Es ist der Propst Caspar gemeint. — [3]) An Mathias Stainhehler von Reichersberg, Scholasticus zu St. Florian.

*mere solvatur, penitus ei vita praecludatur aeterna. Officiosius
igitur cogitans, quid causae, ut ad te o mi Mathia quasdam pa-
rarem litteras, manucaperem; subiit animum fratris mei domini
Kaspar praesentis tam causatoris quam exhibitoris frequens im-
pulsus, postulantis persaepe, ut aliquas tuae reverentiae darem
litteras. Opportunitate tandem nacta contemplationi meae se
obtendit illud Oratii praeclarum eulogium in odarum* [1]) *suarum
carmine scriptum, ubi sic exorditur: Scribimus indocti doctique
poemata passim. Si igitur doctus nusquam erit, necessarie est
ut indoctum iter transvadamus. Sed aliud est mihi nunc animo,
o mi Mathia. Si nempe tuas ad me usque hac* [2])*, dedisse te
noscas nullas; si quas tamen in antea miseris litteras, quas
saepenumero spero abs te cum tuorum licentia superiorum me
recepturum, tuos rogo, si tibi consuetudini forent, plurales nu-
meros e medio tollas dominationesque turgidas, ac alia super-
biam olentia praedicata prorsus nec quidem nomines. Vides et-
enim nullum talibus in his meis etsi incomtis litterulis usum me
iisse; namqui se amant tu, tui, te, tibi in manibus semper ha-
bent; vos autem et reverentias et dominationes odiunt quam-
maxime. Quare iterum ut antea ex te id volo; hunc pluralem,
qui assentandi gratia nunc apud homines est, numerum omittas
et apud amicum ut apud te loquaris. Quod nisi feceris, inju-
riam abs te mihi fieri querar, aut ego tuis pluralibus circuiti-
bus nec ulla quidem tetha respondeam. Quodsi inciduntiae (sic)
gestu forsitan, ut est perfectorum, quorum te numero opto ut
congregatum eas o Mathia venerande, dices fortuitu: Quid imo,
quis hicce? Quorsum tendit hoc? Quid meapte ingesisse se
gaudet, cum alienus sibi forem. Cur semiverbius* [3]) *iste eloquiorum
insipidas tragoedias alienis et prorsus ignotis depromit auribus?,
audi o Mathia amicissime Tullii sententiam: Verae amicitiae
inquit sempiternae sunt. Fretus tui praesumti amoris praesidio,
tametsi nil ad me tibi scribendum relictum est, inter tamen amicos nil deesse debet; imo etsi causis emergentibus custoditis prorsus tacendum foret, quominus litteras mutuas scribant; etsi
non seria sese nobis offert scribendi occasio, ficta tamen et unde-
cunque direpta nobis occurrere debet. Neque enim aliquid faci-*

---

lius, quam ad eum, quem te hactenus jam habere o Mathia de-bebis, alterum nostrum scribendi causam corradere. Quod vero litterulae usque hac invisae tibi sunt meae — nil nisi tua effi-cere medius fidius visum est. Per haec autem, quibus te culpo o Mathia sincerissime, stimulum tibi paro; occursa, rogatum eo. Si id facies, morem mihi geres remque facies te dignam. En, variorum laborum pericolosorum consuetas indagines a pueritia habeo; et quanto mihi per scribundas tuas litteras infestior eris, tanto acrius resistam, si etiam, quod Dii Deaeque abnuant, abs te vincar. Jocarer amplius tecum o mi Mathia; sed ecce nunc tempus pugnae alio me rapit. Quum nihil aliud cupio, nisi ut bene valeas atque amorem nostrum imminui non sinas, dedissem libens litterulas his prolixiores; sed quod te prohibuit, ut dares nullas, id fortasse me apud te excusare poterit, ne dem lon-giores; plura scribam cum plus otii nanciscar. Fratrem meum dominum Kaspar ac si me commendatum habeto; in eo gratis-simum amoris indicium facies mihi accuratissime compensandum. Domino nostro, reverendo domino N. praelato, hero ac patri tam meo quam tuo; domino decano totique conventui et tibi me, si voles, sed te velle puto, commissum fac. Hui, jam est sexta feria; feriales horae me manent. Cibus acsi quadragesimalis me fortius excruciandus exspectat, quam recreandus. Truttas, tima-los ac lupos aquatiles non video; afferes praestolor pisciculos magni nominis sed parvissimae quantitatis, quorum exuberantia o utinam diis praestantibus ne quidem foret, Ey quid dixi, ci-bus, imo vero fames magis. Omnis prorsus jocus recedit etc. Bene vale suavissime vir. Ego si vivere est valere, valeo. Ex sancto Ypolito die veneris 26. augusti anno domini 1468 per tibi deditum Andream monasterii sancti Ypoliti professum.

Haec per medium licentiae domini mei, patris decani.

--- ---

1469.

Reverendo in Christo patri et domino domino Bartholomaeo[1]) *monasterii in Reichensperig praeposito, patri et domini suo prae-colendissimo. Reverende in Christo pater et domine praecolen-dissime. Cum devotis orationibus assiduam reverentiam et hono-*

---

[1]) Bartholomäus Hoyer, Propst des regul. Chorherrnstiftes Reichers-berg im Innkreis von 1469—1482.

rem. Libens pro captu animi mei ac potissimum super multiplicis optamine felicitatis in ipsa vestrae paternitatis nova dignitate[1]*) scribere vellem prae gaudio, nisi me medio cursu sollicitudinis mihi pro jam impositae sarcina revocaret*[2]*). De juvene vero, cujus res agitur, promovendo, placidus imo ad longe majora possibilia paratus attentavi. Verum cum apud monasterium nostrum vetus habeatur consuetudo, ut adolescentes, si qui religionis habitu desiderant. indui, antea in scholis nostris scolarium juvenes videantur, examinentur atque probentur, hinc visum est patribus et dominis meis ad respectum vestrae reverendae paternitatis utique volentibus, ut puer .ille scholas nostras hujusmodi ad tempus aliquod visitet. Quodsi idoneitas in eo comperta fuerit, ob intuitum vestrae reverendae paternitatis sortietur effectum.*

1469.

Eximio viro magistro Paulo Wann artium ac sacrae paginae professori, nec non ecclesiae Pataviensis praedicatori, patri ac praeceptori. suo colendissimo[3]*). Cum devotis orationibus affectuosum animum in omnibus possibilibus serviendi. Eximie domine doctor. Salutaribus vestris doctrinis multipliciter recreatus, tanto ad legendum scripta sermonum vestrorum sum ardentior, quanto lectione crebior. In hanc sententiam plura utique ac merito scriberem, nisi me forte adulatorem notari formidarem, praeterea, si de meritis meis ullatenus fiduciam gererem, libens ac de licentia superiorum meorum ad excellentiam vestram preces fundens. Verumtamen quod non audeo ego ex meritis meis, ipsa caritas ex divino munere vobis collato praesumit. Supplico igitur humili cum · instantia, quatenus mihi per latorem praesentis sermonem super epistolam*[4]*), scilicet „vidi civitatem", quae legitur in dedicatione templi, velitis destinare et quidquid dabitur in pretium scriptori, praesentis lator exhibebit. Ex hoc servum humilem, sicut ab antiquo sum, excellentia vestra me faciet oratorem.*

---

[1]) Dessen Erhebung zur Prälatenwürde. Er war am 8. Februar erwählt, am 11. März von Seite des Bischofs von Passau bestätigt worden. [2]) Der Brief ist von Mathias Stainhehler, Scholasticus in St. Florian. — [3]) Der Brief ist von dem Scholasticus und Can. reg. zu St. Florian Mathias Stainhehler de Reichersberg. — [4]) *Apocal. cap. XXI. 2.*

1470.

Discreto ac ingenioso juveni Urbano[1]), *nato judicis in Spitz*[2]), *socio suo sibi fideli et dilecto. Fideli societate sincero cum amore jugiter praeassumpta. Fidelitatis sociorum interest, ut alter sit pro posse vitae alterius conservator et profectuum ipsius diligens promotor. Socii itaque dilecti tibi significo per praesentis, quia tuum honorem ac tuam utilitatem semper memoriae meae laudabiliter commendavi et quatenus ulterius laudare possim moneo et hortor te diligentibus monitionibus, quod almae universitatis nostrae studia doctrinaeque diversarum scientiarum miro modo reflorescunt continuumque recipiunt incrementum. Etiam sine magnis expensis jam poteritis studiis insistere, quia victualia et cetera necessaria veneunt. Quare tuae societati per praesentes consulo studiose exhortando, quatenus ad culmen nostrae universitatis studii antefati quantocius venire poteris non tardes, prout gradum tui honoris et laudem omnium tuorum amicorum cupis adipisci. Vale mihique yolla*[3]).

1470.

Egregio viro magistro Paulo de Stockheraw sacrae paginae licentiato eximio, nec non scholarum sancti Stephani Wiennae rectori bene merito, patrum amicorumque suorum primario. Cum devotis orationibus animum pro modis possibilibus ad omnia indefessum. Egregie vir. Nescio quibus meritis confisus audio vestram eminentiam aliquatenus instantia mea inquietare. Verum quod non praesumo ego, audet ipsa quae omnia suffert caritas, quae nedum me vobis indissolubilibus nodis adscivit, verum superiores quoque meos, mea inquam relatione, ad vos amandum sibique de legalitate vestra optime persuadendum allexit. Cum autem nuper ad scripta mea ex commissione praelati mei facta, excellentia vestra virum quemdam non sacerdotem sollerter tamen edoctum, magistro Petro de his referente, fuerit allocuta, ut canunt quaedam litterae, quas ad nos transmisistis, licet nunquam fuerint praesentatae, dudum namque operam dedissem respondendi; et quia novis causis exigentibus indigeremus viro ju-

---

[1]) Wahrscheinlich an der Schule zu St. Florian sich aufhaltend. — [2]) An der Donau in Unterösterreich. — [3]) Vielleicht jolen, vor Freude laut schreien.

rista, qui cum hoc aliquotiens interpolatim tamen in hebdomada missam celebraret; rogat dominus meus confidenter, quatenus de tali viro bono et pacifico jurista ac sacerdote nobis provideatis. Sed de illo viro, cum quo sermo habitus est, quia sacerdos non est, praetermittimus ad praesens, taediosum namque esset ei, si non jugiter esset in practica. Aliud est de sacerdote, qui habet ultra practicam suam legere missam aliquotiens ac orare etc. Quare obsecro egregie magister providete nobis, uti confidunt dominus pater et conventus, nec oportet illum de salario inquirere, sed dabitur sibi legaliter cum effectu, et quemcunque talem pacificum inveneritis, mittatis eum ad nos indillate.[1]) Ceterum si aliqui boni, dispositi ac sani adolescentes intrare religionem nostram vellent ad vestrae paternitatis promotionem sine dubio apud nos exaudirentur. Ex sancto Floriano datum agitanter in octava apostolorum Petri et Pauli anno 1470 per fratrem Mathiam[2]) cellerarium ibidem per omnia filium paternitatis vestrae.

1471.

Reverendo in Christo patri et domino Caspari praeposito conventus s. Floriani Pataviensis dioecesis, dignissimo domino et praeceptori suo observandissimo.

Reverende pater et domine mi colendissime. Humili recommendatione praemissa. Praesentis exhibitorem magistrum Wilhelmum Plattel absque meis litteris eandem paternitatem vestram visitare[3]) (nolui?), quin illas eidem paternitati vestrae communicarem atque statum meum et antiquam notitiam modicissimam ad animum revolverem, ut dum aliquotiens necessitas requireret aut casus fortuitus exigeret, eidem paternitati vestrae obsequia impendere possem, quum propter maximam humanitatem mihi illis in partibus existenti per paternitatem vestram exhibitam ingratus esse minime vellem, sed potius vices, quoad possem, rependere affectarem. Praeterea si paternitas vestra hic in Romana curia pro eadem paternitate vestra, vestris amicis et fautoribus per me expedire habebit, mihi uti vestro servulo praecipere vestri sit officii, in quibus me tamquam in propriis meis agendo agiturum absque dubio sentietis. Gauderem utique, ut talismodi

---

[1]) *indillate* = *absque dilatione, absque mora.* — [2]) Mathias Stainhehler. — [3]) Fehlt ein Wort.

praelato atque domino servitia exhibere possem. Alia non occur-
runt calamo digna, nisi magistrum Wilhelmum praefatis suis
in agendis negotiis, dum ad paternitatem vestram recursum ha-
bebit, mearum precum intuitu commissum suscipite atque vestri
Heinrici in fraternitatis memoriam habete. Ex urbe celeriter
die martis 23. Julii per vestrae paternitatis deditissimum servu-
lum Heinricum Lebenther majoris Wactislaviensis[1]) et sancti
Stephani Bambergensis ecclesiarum canonicum.

1474.

Dem Erbarn füersichtigen Lachner Burger und Statrichter
zu Ybs. Mein dienst zuvor lieber Lachner. Mich hat der Er-
wirdig, geistlich, mein genediger Herr, Her Caspar Brobst zu
Sant Florian, dabey ich mich yetz ze schuel aufhalte, füer sich
ervodert, füergehalten, wie im mein Brueder Wolfgang Kerspawmer Burger zu ybs 12 ungrische gulden schuldig, der er
nach menigerm ervodernn von dem benanten meinem Brueder
nicht bekömen, sundern undankperleich verczogen sey; darumb
in mein obgestimbter genediger Herr fuer euch als richter durich
meiner Herrnn ainen von Sant florian, genant Her Wolfgang
prunschedel, hab wenndnn lasnn. Sey meins brueder antwurtt:
er hab mir die gulden, so ich newlich daniden gebesen pin,
geantwurtt zu meines Herren handen. Fueg ich euch zu wissen,
das dem nicht also ist, noch helbert guet emphangen habe.
Mich befrembt auch sölicher Hinderstandt an meinem brueder und
Bit euch darauff guetnn vleis füer zekernn, damit mein genediger Herr Bezalt, ich auch deshalbmm nicht ungenedikleich
gehalten werde. So awer ye mein Brueder sölicher umbred nicht
absten wolde, müest ich mich mit schaden meiner studier in
aigner person zu enkch füegen, die sach mit warhhait westättnn.
Gebm zu Sant Florian an Sant Johannstag ante portam latinam
anno 1474. Uncenz Kerspawmer yetz wonhafft zu Sant Florian.

1474.

Reverendo in Christo patri et domino domino Caspari prae-
posito s. Floriani domino et praeceptori suo colendissimo. Re-
verende pater et domine praeceptor colendissime. Sui commen-

---

[1]) *Wratislaviensis*, Breslauer.

datione mitto paternitati vestrae litteras salis et vini pro anno praeterito, sed pro vinis anni praesentis imperialis majestas non vult dare litteras libertatis pro aufslag, sed vult dare litteras consuetas pro muta ut antiquitus dari consueverunt, quas quidem litteras suo tempore paternitati vestrae mittam, si alias non potero impetrare. Familiariter autem, qui paternitati vestrae litteras affert, solvit pro his 3 florenos Reinenses. Valeat paternitas vestra longaeve felix, cui me commendo ex Augusta 10. augusti 1474. Johannes Rehwein protonotarius cancellariae.

1475.

Venerabili ac religioso patri domino Mathiae Stainhehler professo et cellerario [1]) *monasterii sancti Floriani promotori suo singulariter colendo. Venerabilis ac religiose pater et domine mi honorande. Vestram licet immeritam erga Petrum nostrum audiens benevolentiam mihi gratissimam, gaudeo et refero grates, optans si quomodo mihi aliqua offeratur opportunitas vices rependendi. Verum Caspar noster Holderl retulit mihi ex parte vestri, quo doleo, cum semper prospera cupiam vobis inesse, videlicet continuam corporis aegritudinem et retentorum ciborum difficultatem, quae ex vitiato et infrigidato stomacho judico procedere, contra quae incommoda vobis vellem si qua haberem conferre remedia. Igitur ad calefaciendum et rectificandum stomachum et appetitum provocandum, recipiatis infrascriptum confectum, quod apud vos poteritis modo infrascripto conficere, alioquin paratus fuissem, id ipsum per me facere, licet in brevi spatio non potuissem, propter carentiam rerum etc. Item recipiatis folia Senis 4 vel 5 lot. Item Sinciber 2 lot. Item Cinamomum 2 lot. Item weinstain 2 lot. Item Carioffoli 4 lot. Item Anisii 1 lot. Item de czukaro 3 lot et conteratis singula seorsum in pulveres in mortario et cribrate quodlibet seorsum per cribrum parvum, deinde iterum ponderate in libra quodlibet et seorsum, ut maneat debita proportio; deinde miscetis omnia simul et iterum cribrate, ut aequaliter misceantur; postea ad praedictam quantitatem recipiatis 1 quartale id est ain messel mellis spumati et inpastate cum eodem super una lata scutella, ut fiat ad modum pulmenti vel letvarii et imponatis in pixidem*

---

[1]) Und früher *scholasticus.*

et omni mane ante alios cibos sumite in quantitate unius nucis Romanae et valebit, quia saepius probatum habemus. Item contra vomitum, qui dicitur vobis interdum gravare, recipiatis Absinthii, Rutae, Salviae, Ysopi omnia id est aequalis ponderis et buliantur in bono vino usque ad medii vini consumtionem; postea intingatis spongiam marinam et supinus jacens recipiatis super umbilicum, quanto calidius tolerare potestis. Et si hoc saepius iteraretis et ad tempus sorbiles et leves cibos sumeretis citius sperarem vos relevari. Item mitto aquam lavendulae et si placet tempore suo etiam herbam mittere possem, ut copiose plantare valeretis apud vos. Etiam alia quaecunque in favorem vestri deserviunt et apud nos haberi poterunt, parati sumus exhibere. Et utinam Petrus ultra necessarium studium suum etiam applicetur ad discendum cantum et fari artificialiter latinum. Valete optime praeceptor et me utimini ad vota. Ex Lambaco sexta die octobris anno 1475 per fratrem Fridericum ibidem.[1]

1476.

Obedientiam filialem cum sui recommendatione semper paratam. Reverende pater et praeceptor mi praeamande.[2] Vestram sanitatem indefesse auscultare gratularer; insuper pluries ex animo proposui visitare paternitatem vestram volens vestrae paternitati recommendare amicum meum latorem praesentis, qui ad modicum scholas vestri monasterii frequentavit, quod propter varia impedimenta ad effectum ducere nequivi, ob quam causam vestram assidue rogo paternitatem, quatenus ob intuitum Dei mearumque precum praedictum meum amicum velitis habere recommendatum ac eum recipere ad frequentandum scholas vestrae dominationis, quousque meam corporalem vobis exhibebo praesentiam; quem etiam ex animo et corde optarem fore sub cura vestrae paternitatis. Quodsi mea petitio exaudita fuerit a vobis, me semper habebitis paratum ad singula vestrae paternitatis mandata. Valeatis in eo, qui est salus vivorum et mortuorum. Scriptum velociter in Stira per vestrum N.

---

[1] Noch in demselben Jahre als Abt nach Niederaltaich postulirt. —
[2] An den Probst Kaspar von St. Florian, der früher Scholasticus war, oder an Mathias Steinhehler.

10

1476.

Reverendo in Christo patri ac venerabilibus viris domino
N. praeposito[1]), N. decano totique conventui monasterii ad s.
Florianum, praeceptori ac fratribus nostris praedignissimis[2]).
Orationes utinam Deo devotas cum bonorum omnium salutari in-
cremento. Venerabilis in Christo pater ac domini nobis prae-
diligendi. Decrevimus ad vestras paternitates dirigere canonicum
et confratrem nostrum magistrum N. sacri juris canonici docto-
rem una cum armigero N. nostro familiari, quibus aliqua vestris venerabilitatibus nostri ex parte referenda commisimus.
Ideo obnixius supplicando instamus, quatenus nostri contem-
platione dictis personis bene meritis fidem credulam adhibere velitis eosque favore et benevolentia prosequi, sicut de vestris pa-
ternitatibus confidentiam gerimus indubitatam. Datum Newe-
burgae claustrali.

_____

1476.

Reverendo in Christo patri et domino Kaspari monasterii
s. Floriani praeposito, patri et domino nobis digne venerando.
Reverende in Christo pater et domine nobis admodum vene-
·rande. Cum orationibus ad dominum utinam devotis animum
ad quaevis beneplacita praeparatum. Quum cum alias preces
nostras ad vestram reverendam paternitatem obtulerimus ad col-
ligendum et sustentandum quemdam juvenem orphanum nomine
Petrum N., olim nostri monasterii scriptoris filium, et favorem
exauditionis apud vos invenerimus grate remerendam; accidit
diebus istis, quod religiosus vir frater N.[3]) nostri monasterii
professus et plebanus, qui praefatum Petrum multis annis suis
servitiis educavit et instituit ad abbatiam monasterii Altae in-
ferioris[4]) postulatus et receptus est, qui nobis pro praefato juvene sibi mittendo scripta dedit, anhelans saepefatum juvenem
altioribus favorum studiis promovere. Petimus igitur vestram
reverendam paternitatem post debitas gratiarum actiones pro be-
neficiis dicto Petro impensis, dignemini saepe dictum juvenem
paterno favore gratiose a vestris servitiis absolvere et eum cum

_____

[1]) _Caspar II Vorster._ — [2]) Der Brief ist vom Probst Johann von
Klosterneuburg (1465—1485.) — [3]) _Fridericus_ aus dem Kloster Lambach
nach Niederaltaich postulirt 1475. — [4]) Niederaltaich ehemaliges Bened̄c-
tinerkloster an der Donau in Baiern.

praesentis exhibitore praefato reverendo electo abbati monasterii supradicti transmittere. Volumus omnia pro vestra paternitate grata vicissitudine promereri. Ex Lambaco sabbato ante Sylvestri anno domini 1476. Frater Johannes [1]) *abbas monasterii Lambacensis.*

1477.

Reverendo in Christo patri domino Kaspari praeposito monasterii s. Floriani patri et domino sibi observandissimo. Reverende in Christo pater et domine observandissime. Orationes utinam in domino devotas cum obsequiosa voluntate. Alias diebus superioribus magister Jacobus vestrae paternitatis scholasticus quemdam baccalaureum Sixtum nomine ortum ex Anoso eidem commendavit pro futuro scholastico recipiendo. Cum autem idem baccalaureus nunc apud me vices mei scholastici certis ex causis supplicat, mihi denique a fide dignis plurimum commendatus sit, vita morumque honestas ipsius me inducunt, ut eundem vestrae paternitati, saltem mea promotio apud eandem aliquid efficere possit, commendem, quum ipse, ut videtur mihi, utilis pro vestrae paternitatis scholis erit et valens. Quare hortor et oro vestram paternitatem eundem velle etiam mei intuitu habere commendatum, ita ut sentiat preces meas aliquid effecisse, quod futuris temporibus praesto sum in his quibus valeo erga paternitatem vestram inservire, cui etiam me singulariter committo. Datum in Wels 7. die mensis Augusti anno domini 1477. Erasmus Sölder decretorum licentiatus curatus in Wels.

Arenga discipulorum ad Rhetoricam. [2]) *Matronae generosae, dominae gloriosae magistraeque suae, imperiosae Rhetoricae, universi professores disciplinae ejus salutem et opulentam verborum sententiarumque adipisci venustatem. Quoniam scientiosam tuorum verborum profunditatem et sarcinosam sententiarum ponderositatem vix aliquis suffecerit enarrare et sui ingenioli imbecillitate i. e. declivitate evacuare — nam humanum quasi videtur transcendere intellectum; nisi operam aliquis studiosam* [3])

---

[1]) *Johannes de Wels* von 1474—1504. — [2]) Scheint eine Schulaufgabe zu sein aus der Zeit Steinhehlers. *Arenga = praeceptum, dictatus.* — [3]) Fehlt ein Wort.

*(impenderit ?), tunc omnino dignoscitur in eis litus arare et
aerem verberare, quia nullus scit, quantum sermones difficiles
sint, nisi clave disquisitoria limpide reserentur — unde suppli-
camus venustissimae, quatenus modum et formam ad tuae facultatis apicem nobis digneris impertiri, quo mediante nebulas difficultatis valeamus serenare et sarcinam tuae difficultatis que-
amus tranquillare et ad tuae scientiae magnitudinem pervenire,
qua adepta possimus glorificare et tibi gratiarum actiones referre
et per consequens principibus et nobilibus licite cohabitare et
nostram vitam calamitosam ab omnibus aerumnarum infestatio-
nibus laudabiliter defensare et universis mortalibus apparere
gloriosi.*

---

*Arenga Rhetoricae ad discipulos. Ingenuis ac suae facul-
tatis professoribus virtuosis. Rhetorica existens scientia, quae docet ornatum ac venustum modum loquendi, salutem et optat pertingere effectum et desiderabilem adipisci facultatem. Quoniam
ut ait Boetius, obtusitas cujuslibet operis diligentia permolitur,
nihil est tam difficile, quod non humanus intellectus possit per-
lustrare; omnia enim sunt scibilia in via rationis, apud poten-
tiam clari intellectus nihil est impossibile. Unde hortamur vos,
quatenus diligentiam adhibeatis et secreta scientiae vobis aperien-
tur. Animum vestrum scientiis vestite, virtutibus redimite et
bonis moribus perpolite et universis disciplinis imbuite. Sine
enim his difficile vel forte impossibile est pertingere gradum cu-
juscunque facultatis, quia qui parvis nutritur opinionibus duplici eget tempore, uno, in quo falsas abjicias opiniones; se-
cundo, in quo se melioribus imbuat et exercitet. Haec nostra
persuasio est, quam si quis imitatus fuerit, absque dubio nul-
lius scientiae profunditas ipsum latebit, sed cujuslibet secreta
scientiae sine omni obstaculo penetrabit.*[1]

Reverendo in Christo patri domino Mathaeo[2] *) decano monasterii s. Floriani domino ac praeceptori nostro praecolendissimo.*
Reverende in Christo pater domine ac praeceptor praeco-

---

[1] Beide *Arengae* sind aus dem *Codex epistolaris* Johanns und Kaspars.
[2] Mathias Seevogel.

lendissime. Obedientiam et reverentiam tam debitam quam con-
dignam. Quia dominus Thomas occasione servitiorum meorum,
dum secum ad ecclesiam in Harlesperig iter arripui ad annos
fere duos, mihi debitor existit, prout hanc ambigo eum non la-
tere, et ex quo pro praesenti in universitate Viennensi studio
deditus sum, in valida tamen inopia et maxima paupertate, de-
ficiens in vestibus aliisque quam plurimis pro continuatione stu-
dii mihi necessariis, vellem mihi eundem dominum Thomam non
de rigore, sed ex gratia et Dei intuitu auxilium impendere.
Intendo enim studium meum inchoatum diligenter continuare,
quo ad baccalaureatus gradum attingam. Solo quidem vestrae
paternitatis subsidio, cum ab eadem proxime discessi sumptibus
dotando', me sustentavi. Quare de hujus modi vestrae venerandae
paternitatis benignitate confisus, audeo preces fundere humiles
instantissime orando et exhortando eandem vestram venerandam
paternitatem, quatenus mihi apud praelibatum dominum Tho-
mam esse adjumento et ipsum, ut in hujus modi mea egestate,
servitiis meis ut praefertur attentis, mihi subveniat, benigne
velit inclinare. Spero nihilominus vestra veneranda paternitas
misericordia moveri tanta, ut pro hujusmodi meae paupertatis
repulsione non parum laborabit, in his mihi maximam gratiam
pronis ac assiduis servitiis promerendam ostendendo. Datum
Viennae die 24. Marcii anno 1466.

Religioso devoto viro domino Augustino Kriehel canonico
regulari monasterii s. Floriani amico suo condigno etc.
  Praemissis singulis quibus internae dilectionis, verae ami-
citiae flamma validius roboratur. Grata florum amoenitas hu-
more privata arescit, sic societatis integritas a longi temporis
distantia tepescere discernitur, nisi aliquarum litterarum alloquio
fuerit stabilita. Hinc est honorabilis domine N. amicorum ca-
rissime transacto anno dominus Georgius frater vester constitu-
tus fuit mecum in propria persona in Matigkofen ostendens mihi
scripta vestra, in quibus me et ceteros amicos invitasti (sic) ad
vestras primitias, ad quas venire nequivimus propter discrimina
viarum et insecuritatem; nam tuti non fuissemus tam in rebus
quam in personis. Quare peto mihi non aegre ferre. Sed ego
me ostendam erga vos tamquam amicus et pater adoptivus, glis-

11

cens vobis semper bonum et promittens me promtissimum ad singula vota vestra. Et supplico ex magno affectu cordis, quatenus Augustinum latorem praesentium promotum habere velitis ad aliquam bonam scholam penes vos ad s. Florianum aut Anoso ut profisceretur in studio ac eum informare et inducere per vos aut alios, ut se daret ad aliquam religionem canonicorum aut monachorum. In quo mihi specialissimam complacentiam exhibebitis loco et tempore erga vos et vestros gratuite recognoscendo. Etiam congratulatus sum, quod incorporatus estis (sic) felici coenobio s. Floriani et nunc liberatus estis ex spelunca Subensi. Insuper notifico vobis quod bonum et optimum librum praedicabilem dabo vobis et praesentabo amico nostro Leonardo Sparsguet. Si autem personaliter possetis me accedere nec non ceteros amicos nostros, essem optime contentus et summe placeret mihi; haberem enim multa conferre, quae singula scribere non valeo, in omnibus illis agentes prout vestrae amicitiae confidentiam gero pleniorem. Desidero vos bene valere amicorum dilectissime in Dei amore et corporis sospitate. Ex Matigkofen 2. feria ante Erasmi martyris. Anno domini 1478. Georgius Sparsguet canonicus et custos ecclesiae Matigkofen vester in omnibus.

Littera alicujus tituli: Bono viro etc.

Johannes divina favente clementia praepositus, Mathias decanus totusque conventus monasterii s. Floriani ad s. Florianum, ordinis s. Augustini canonicorum regularium Pataviensis dioecesis universis et singulis tam praesentibus quam futuris notum fieri volumus per praesentes: Quia Mathias de Reichersperg[1] artium baccalaureus almae universitatis et studii Viennensis praesentium exhibitor aliquot annorum spatiis apud nos commorando in regimine scholae nostrae fideliter utiliterque laboravit et jam divino afflatu spiritus ordinatissima intentione ad soli domino Deo complacendum militiae clericali adscribi desiderans nobis humiliter supplicavit, quatenus ad statum hujus militiae clericalis per provisionem[2] ad hunc requisitam sibi cooperari et adminiculari dignaremur. Nos igitur considerantes ejus apud nos laudabilem con-

---

[1] Der oft genannte Scholasticus von St. Florian Mathias Stainhehler.
[2] Verleihung des Anspruches auf Versorgung.

versationem, vitae morumque probitatem et disciplinam ac alia bona virtutum, quibus eum pollere cernimus, supplicationem nobis factam devote admisimus, non tamen statim, nec subito, ac praecipitanter exaudivimus, sed post diuturnam etiam aliquorum annorum maturam deliberationem exemplo unius et veri magistri nostri in coelo, qui quamvis in infinitum et incomparabiliter paratior sit ad nos exaudiendum, quam nos ad petendum, vult tamen nihilominus, ea quae nobis ab acterno liberalissime disposuit concedere, nos ab eo importunis et perseverantibus precibus impetrare, prout verbo et exemplo in suo sancto evangelio manifeste ostendit in parabola de eo, qui petit tres panes et in re gesta de muliere Chanaanithide. Quae enim cito et leviter conceduntur, etiam leviter contemnuntur aut parvipenduntur. Novimus talem practicam hujusmodi concessionem nimis frequentari, sed quibus respectibus et animis non omnimode ignoramus. Dicto igitur baccalaureo saepius pulsante et in prece perseverante, exaudire decrevimus, eundem tandem fieri de dicto nostro monasterio, ordinantes tenore praesentium provisionem, ipso personaliter nobiscum commorante, quam nedum gratanter' uti speramus acceptabit, sed etiam decentibus et congruis laboribus in vim sincerae gratitudinis hilariter recompensabit. Quam provisionem tunc ingressurus est pleno jure, quando post datum hujus litterae contingit ipsum ad sacros ordines accedere; eodem instanti tali jure gaudebit et eum communicari [1]*) debet realiter cum effectu semper et tam diu, quando sibi placuerit nobiscum personaliter commorari sive continue sive interpolatim, donec a nobis vel aliunde de ecclesiastico beneficio curato vel non curato sibi fuerit provisum. Et tunc immediate cessabit obligatio hujusmodae provisionis, saltem quantum ad reddendum debitum justitiae, gratuita liberalitate juxta vires et facultates monasterii secundum exigentiam et qualitatem temporum tunc occurentium et varietatem dispositionis pro hoc non exclusa ac semota harum testimonio litterarum.*

---

[1]) *Communicare* = gleiche Betheilung geben. *Communicarius qui canonicorum communias, (portiones quotidianas) distribuit. Ducange Gloss.*

Beilage IV.

Poema extemporaneum Georgii Vogelii.

Orbe soporato, Hesperioque sub aequore solis
Lampade submersa, tenebras lunaque regente,
Me Cythereia petit pulchrae sub imagine nymphae,
Surgere praecipiens, coeptosque relinquere somnos.
Hinc velut attonitus tacito sub corde voluto,
Scilicet ante oculos modo quae vaga spectra resultent.
Illa sed haec lepido depromsit verba cothurno.
Salve cura Deûm: castis nam rite poetis
Divus Apollo favet, catus favet atque novenus.
Ipsaque Latonae soboles Helyconis ab axe
Per Jovis imperium, cujus mandata per auras
Interpres referro, terras transmittor ad imas.
Ergo qui reliquos inter percarus alumnus
Pierides redamas, fati sortisque futurae
Eventura, Deus vero quae Cynthius ore
Mandavit, patulis precor auribus accipe vates.
Boia te tellus genuit, nutrivit et auxit
Sumtibus, ut posses nostris spatiatus in hortis
Carpere odoriferam Sophiae Phoebique coronam.
Artibus ergo sacris Caeae de fonte Minervae
Exhaustis teneram perge exornasse juventam.
En locus aptus erit Superis fabricatus in oris
Austriacis, Sancti gaudet qui nomine Floris.
Hunc pete: Nam summus fortes Deus adjuvat ausus.
Tollito maturas audaci nave procellas,
Atque per adversos aperi tua carbasa fluctus.

Irato te crede mari: Neptunus in undis
Temonem velumque reget, formosus Apollo
Non sinet in scopulos fragilem tranare carinam.
Dixit et ignavus defluxit pectore somnus,
Dixit, Olympiacam seseque erexit in aulam.
Hinc si vera manent oracula Palladis illa,
Si neque lucifugae fallunt insomnia noctis,
(Somnia surgentis sed enim praenuncia fati
Saepe monent) aedis nec sit qui docta gubernet
Limina Pierii gregis, et commercia linguae
Si tantum poterunt latiae, si novero Musas,
In sacra Pegasidum pubem produxero castra.
Hisce per innumeros, praesul dignissime, vivas
Usque dies, nostrique memor per secla valebis.

Beilage V.

Professoren an der theologischen Hauslehranstalt.

Philibert Gros ab Ehrenstain nat. Lincii 1684 Theologus Romanus. Romae in fine tertii anni tractatum de gratia publice defendit; professor theologiae moralis domi 1716—1722.

Josephus a Mietting nat. Laureaci 1697 Theologus Graecensis; ibi in magistrum philosophiae promotus, magister repetitionis casuum domi 1722—1726.

Josephus Hilz Bavarus nat. Zwisl 1699 Theologus Graecensis. Susceptis ibi prius de more gradibus philosophicis publicas de Deo Trino et Uno theses pro parvo actu egregie et plausibiliter propugnavit, pro prima laurea examinatus et approbatus. Professor philosophiae et theologiae moralis domi 1726-1736.

Josephus Anton Proeller Austriacus Würting nat. 1706 magister Philosophiae, Licentiatus Juris utriusque, Baccalaureus Theologiae Viennae, Professor theologiae moralis domi 1736-1741.

Joseph Jacob Weiller Austriacus ad s. Florianum nat. 1717 Theologus Viennensis, Magister Philosophiae et Baccalaureus Theologiae, Professor theologiae moralis domi 1743-1754.

Mathias Dietscher Austriacus Ebelsberg nat. 1727 Philosophiam Lincii cum publica defensione absolvit. Correpetitor theologiae moralis domi 1754—1759.

Johann Georg Pfisterer Styrus Graecensis nat. 1735. Magister Philosophiae Graecensis, Theologus Viennensis, Baccalaureus Theologiae Viennae, Professor theologiae speculativae primarius domi 1760—1766. Ad explanandum sacram Scripturam 1773—1774 Lincium abiit.

Carolus Winkler Austriacus ad s. Floriani nat. 1733. Philosophiam cum defensione publica Lincii absolvit, Theologus Viennensis, Baccalaureus Theologiae, Professor theologiae speculativae secundarius domi 1760—1773; Lincii Professorem theologiae publicum egit 1773—1774.

Johann Jobst Austriacus Windhaag nat. 1739 Theologus Viennensis, Magister Philosophiae, Baccalaureus Theologiae, Professor theologiae domi 1766—1772.

Jacob Joseph Pollak Austriacus Ebelsberg nat. 1783, Theologus Viennensis, Magister Philosophiae, Baccalaureus Theologiae, Professor theologiae dogmatico - speculativae primarius domi 1770—1783.

Michael Ziegler nat. Lincii 1743 Theologus Romanus. In collegio germanico s. Apollinaris Laurea suprema ornatus Professor theologiae domi secundarius 1773—1782.

Franz Freindaller Austriacus Ipsii nat. 1753 Theologus Viennensis, Doctor Theologiae, Professor eloquentiae domi 1778 et simul theologiae 1782—1783.

(Aus den handschriftlichen, nach urkundlichen Denkmalen verfassten Aufzeichnungen des Chorherrn Aug. Pscharr 1814).

Zeitfracht Medien GmbH
Ferdinand-Jühlke-Straße 7
99095 Erfurt, Deutschland
produktsicherheit@kolibri360.de